高校思想政治教育改革研究

马兹林　钟丽霞　徐　健◎著

线装书局

图书在版编目（CIP）数据

高校思想政治教育改革研究 / 马兹林, 钟丽霞, 徐健著. -- 北京：线装书局, 2024.4
ISBN 978-7-5120-6073-9

I. ①高… II. ①马… ②钟… ③徐… III. ①高等学校－思想政治教育－研究－中国 IV. ①G641

中国国家版本馆 CIP 数据核字(2024)第 079948 号

高校思想政治教育改革研究

GAOXIAO SIXIANG ZHENGZHI JIAOYU GAIGE YANJIU

作　　者：	马兹林　钟丽霞　徐　健
责任编辑：	白　晨
出版发行：	线装书局
地　　址：	北京市丰台区方庄日月天地大厦 B 座 17 层（100078）
电　　话：	010-58077126（发行部）010-58076938（总编室）
网　　址：	www.zgxzsj.com
经　　销：	新华书店
印　　制：	三河市腾飞印务有限公司
开　　本：	787mm×1092mm　　1/16
印　　张：	10.75
字　　数：	240 千字
印　　次：	2025 年 1 月第 1 版第 1 次印刷
定　　价：	78.00 元

前　言

　　高校思想政治教育工作是一项既重要又相对复杂的工作，它既需要对大学生进行正确的观念教育、道德教育、和信念教育，时刻掌握大学生的思想动态，又要在提升学生思想政治觉悟的基础上加强学生的综合素质培养，最终将大学生塑造成人格健全、品德高尚、能力突出、创新意识强的人才。在新时代背景下，使大学生的思想道德教育方式产生了变化，学生与教师的融洽性更为和谐，如果能积极利用好网络思想阵地，不仅在打破传统固化思想、创新教育理念上有正面的作用，对于减少校园不稳定因素、加强校园团结、提升学生学习积极性以及增加机遇上都会有很大的优势。但是，当前时代背景下信息化技术也存在着一些弊端，比如网络的虚拟性，造成虚假和不良的信息传播，导致不少大学生上当受骗的情况，在一定程度上阻碍了大学生思想政治教育的长远发展，对高校学生产生了负面影响；甚至严重的网络舆情会给学生错误的指引，导致大学生是思维观念产生偏离，道德观念减弱，法制意识被削薄。

　　新时代大学生个性独立，想法多样，自主性强，在较为封闭的高校教学环境下，思政教师必须具备较强的主导能力，对学生的思想观念进行深入的渗透。但当前我国思政教师队伍的水平参差不齐，思政课是由其他课程的教师兼任，在思想政治教育工作开展的过程中会存在专业性不强、课程讲授效果不理想等很多的问题。思想政治教育课往往以课堂教育为主，偶尔涉及一些报告会、讲座等，在教育实践上可以说寥寥无几。

　　本书以章节布局，共分为七章。第一章为绪论，本章介绍了思想政治工作的意义、现状以及必要性；第二章是思想政治的改革要素，本章介绍了思想政治教育创新的时代背景和具体要素；第三章对大学生思想政治教育的方法进行了优化与整合，从概述，基本方法和新方法的探索与运用三个方面来进行阐述；第四章阐述了新媒体与大学生思想政治教育，阐述了新媒体时代给大学生思想政治教育带来的机遇与挑战和新媒体环境下加强和改进大学生思想政治教育的对策；第五章主要阐述了中华优秀传统文化的多重价值及其融入大学生思想政治教育的重要意义；第六章是创新社会管理在在思想政治教育中的运用，本章介绍了创新社会管理的理论基础和大学生、大学生思想政治教育社会性分析以及社会管理视野下大学生思想政治创新路径；第七章新时代大学生思想政治教育改革的实现路径研究，从加强大学生思想政治素质、大学生德育发展在高校素质教育中的地位和作用、新形势下高校思想政治教育工作的环境建设、大学生思想政治教育在高校素质教育中的特殊地位、加强美育教学，提高大学生艺术鉴赏能力、高校思想政治工作与干部整体素质的提高等这些方面进行了论述。

本书在撰写过程中，参考、借鉴了大量著作与部分学者的理论研究成果，在此一一表示感谢。由于作者精力有限，加之行文仓促，书中难免存在疏漏与不足之处，望各位专家学者与广大读者批评指正，以使本书更加完善。

本书由马兹林、钟丽霞、徐健撰写，严东博、郑璐对整理本书书稿亦有贡献。

目录 // CONTENTS

第一章　绪论　1

第一节　对大学生进行思想政治教育工作的意义　1

第二节　我国高校思想政治工作的现状　4

第三节　高校思想政治工作改革的必要性　12

第二章　思想政治的改革要素　17

第一节　思想政治教育改革的时代背景　17

第二节　思想政治教育改革的具体要素　20

第三章　大学生思想政治教育的方法的优化与整合　54

第一节　大学生思想政治教育方法概述　54

第二节　大学生思想政治教育的基本方法　56

第三节　大学生思想政治教育新方法的探索与运用　64

第四章　新媒体与大学生思想政治教育　72

第一节　新媒体时代给大学生思想政治教育带来的机遇与挑战　72

第二节　新媒体环境下加强和改进大学生思想政治教育的对策思考　81

第五章　中国优秀传统文化与大学生思想政治教育　94

第一节　中华优秀传统文化的多重价值　94

第二节　传统文化融入大学生思想政治教育的重要意义　100

第六章 创新社会管理在思想政治教育中的运用　　109

第一节 创新社会管理的理论基础和大学生社会性分析 109
第二节 大学生思想政治教育的社会化分析 120
第三节 社会管理视野下大学生思想政治创新路径 123
第四节 社会管理视野下高校思想政治模式的创新路径 128

第七章 高校思想政治教育改革的路径研究　　138

第一节 加强大学生思想政治素质 138
第二节 大学生德育发展在高校素质教育中的地位和作用 144
第三节 新形势下高校思想政治教育工作的环境建设 147
第四节 大学生思想政治教育在高校素质教育中的特殊地位 151
第五节 加强美育教学，提高大学生艺术鉴赏能力 154
第六节 高校思想政治工作与干部整体素质的提高 158

参考文献　　163

第一章 绪论

第一节 对大学生进行思想政治教育工作的意义

我国改革开放和社会主义现代化建设的不断推进带来了经济的飞速发展，也带来了社会的显著进步，增强了人们的竞争意识、效率意识、民主法制意识以及开拓创新意识。但是市场经济活动存在的弱点及消极影响，也必然会反映到人们的脑海之中，引起人们思想意识的相应变化。面对改革开放和社会主义市场经济的新形势，我们必须明确加强思想政治工作，准确把握思想政治工作的方式方法，这样才能推动我国全面建设小康社会和社会主义和谐社会建设的健康稳步发展。

中国共产党历来重视党的思想政治工作，尤其在改革开放狠抓经济建设的今天，思想政治工作不仅不能放松和削弱，而且必须更加重视和加强，使其真正成为社会主义经济发展的推进剂。

一、思想政治工作是我们党的优良传统

众所周知，我国是一个幅员辽阔、人口众多的社会主义大国，有许多的党派团体，而中国共产党能够成为这个大国的执政党，除了她代表最广大人民群众的根本利益之外，重视党的思想政治工作也是一个十分重要的因素。在中华人民共和国成立以前，在艰苦卓绝的战争年代，在敌强我弱武器装备极其落后的情况下，中国共产党领导人民万众一心，用小米加步枪打败了用飞机大炮武装到牙齿的日本帝国主义和国民党反动派，夺取了革命的胜利。其中的奥秘是什么？一个非常重要原因就是党十分重视思想政治工作。历史和现实表明，战争年代，简短的战斗动员，把战争的目的、意义铭刻在每个战士的心里，使战士们懂得人民革命战争的伟大意义，懂得为人民的利益去打仗，为民族的解放事业去献身。总之，奋勇杀敌、

夺取革命胜利变为每个战士的自觉行动，对旧军队的整编、改造，对俘虏的教育等都离不开思想政治工作。

二、思想政治工作是经济工作的重要保障

思想政治工作是一切经济工作的生命线，没有强有力的政治保证，经济建设就搞不上去。党的建设必须服从服务于经济建设这个中心，必须以发展作为根本依据，把发展作为根本方向，推动社会又好又快发展。从这个意义上来说，只有充分发挥党的政治优势，大力宣传党的路线方针政策，宣传党的决策和工作部署，宣传党委确定的工作思路、发展目标、工作举措，才能把广大党员干部职工的思想统一到党委的决策上来，把智慧凝聚到发展上来，把力量贡献到改革发展稳定的奋斗目标上来。在组织上只有发挥战斗堡垒作用，进一步加强基层党组织的自身建设，充分调动广大党员干部的积极性、主动性和创造性，才能为社会的经济发展、文化建设贡献自己的力量。在作风上只有牢记"两个务必"，坚持立党为公、发展为民，做到"八个坚持、八个反对"，密切联系群众，倾听群众的呼声，为群众解决实际困难，才会真正赢得广大群众的拥护和支持。

三、思想政治工作关系到人们的前途和命运

现实中，有的党员不讲社会公德，思想意识差，道德品质败坏，损公肥私，搞台上握手台下踩脚，口是心非，开空头支票，结果把国民经济搞到了崩溃的边沿。后来又有人借改革开放搞一边倒，以行政代替了党的思想政治工作，结果导致了资产阶级自由化的侵入，社会上的恶性案件增多，青少年犯罪率逐渐上升，部分地方社会秩序较乱，恶人当道，好人不敢伸张正义。正如伟大的导师列宁所说的："在工人阶级和资产阶级旧社会之间并没有一道万里长城，革命暴发的时候，情形并不像一个人死的时候那样，只要把死尸抬出去就完事，旧社会灭亡的时候，它的死尸是不能装进棺材埋入坟墓的，它在我们中间腐烂发臭，并且毒害我们。"可见，搞三个文明建设，离不开思想政治工作，离不开牢记毛泽东同志的谆谆教导，"务必使同志们继续地保持谦虚、谨慎、不骄、不躁的作风，务必使同志们继续地保持艰苦奋斗的作风"。只有这样，社会才会富有生机和活力。

四、思想政治工作是经济工作和其他一切工作的生命线

在我们建设有中国特色的社会主义进程中，充分发挥思想政治工作的主动性、能动性，

可以更好地推动经济的发展和社会的全面进步。但是，部分群众对思想政治工作出现摆不上应有的位置，或者说起来重要做起来摇摆不定等情况，片面地认为搞活经济建设是"实的"，成绩立竿见影，思想政治工作是"空的"，看不出有什么显著的成绩，因此没有摆正思想政治工作应有的位置。从历史的教训可以证明，思想政治工作虽然不是万能的，但不讲政治是万万不能的；政治不能代替经济，但脱离政治的经济是不可能发展和提高的。

五、思想政治工作是我们党和社会主义国家的重要政治优势

思想政治工作是实现党的领导的一个重要途径。在新的历史条件下，思想政治工作依然是我们党团结一致，迎接挑战，克服困难，夺取胜利的优良传统和政治优势。历史和实际都证明，思想政治工作是我们党的传家宝，任何时候、任何情况下都不能丢，丢了就会削弱党的领导，给党的事业造成损失。只有充分发挥思想政治工作这一重要政治优势，才能保证经济工作和其他工作的正确发展方向，才能保证党的路线方针政策落实到各项工作和群众中去，才能及时排除和战胜各种错误东西的干扰，才能巩固和发展全国各族人民共同奋斗的思想政治基础，从而为经济工作和其他工作提供强大的动力与保证。

思想政治工作是党的工作的重要组成部分，是实现党在特定历史阶段的任务及党的最终目标的根本手段。实践证明，党的领导是做好思想政治工作的重要保障。邓小平同志在深刻总结历史经验教训的基础上，反复告诫人们："过去我们党无论怎样弱小，无论遇到什么困难，一直有强大的战斗力，因为我们有马克思主义和共产主义的信念。有了共同的理想，也就有了铁的纪律。无论过去、现在和将来，这都是我们的真正优势。"现阶段，我国已进入矛盾凸显期，更需要进一步加强和改进党的思想政治工作。各级党组织和广大党员干部要深刻认识到加强和改进新时期党的思想政治工作是由党的根本性质所决定的，是贯彻执行党的基本理论的可靠保证，是团结全国各族人民的可靠保证；要深刻认识到由于国际国内的复杂因素影响，我国思想政治领域的矛盾和斗争是长期的、复杂的，在一定条件下甚至还会尖锐化，新时期党的思想政治工作的地位只能加强，绝不能忽视和削弱。要把新时期思想政治工作，作为团结全党、全国各族人民为实现党和国家各项任务而奋斗的重要保证，充分发挥思想政治工作在推进中国特色社会主义伟大事业进程中的重要作用。其次，各级党组织要主动作为。要认真贯彻党的思想政治工作的路线、方针、政策，大力加强思想政治工作队伍建设，切实把思想政治工作抓好、抓实。再次，党员干部要率先垂范。广大党员干部特别是领导干部要从自己做起，树立表率意识，坚持以身作则、言传身教，自觉为思想政治工作紧密围绕党的中心任务来开展工作。

六、思想政治工作是现阶段促进改革、发展、稳定的重要途径

经过 30 多年的改革发展,我国社会主义各项建设取得了举世瞩目的成就,社会经济已经站在一个新的历史起点上,面临难得的发展机遇,同时也面临严峻的挑战。我们要清醒地看到其中存在的矛盾与问题,一部分会随着社会改革和发展逐步得到解决,一部分目前暂时还不具备妥善解决的条件。这些矛盾和问题如果处理不当,有可能在一定范围内激化,甚至影响社会稳定。因此,要按照构建社会主义和谐社会的要求,充分发挥思想政治工作统一思想、凝聚力量、化解矛盾、理顺情绪、激励精神的作用,积极帮助广大干部群众正确认识改革和发展中遇到的困难,积极疏导群众的过激情绪,正确及时地处理好人民内部矛盾,与职工群众多沟通,摆事实,讲道理,把困难和矛盾讲透彻些,使大家明辨是非,从而调动一切有利因素,共同推动社会主义事业持续健康稳定发展。

第二节 我国高校思想政治工作的现状

一、近年来高校思想政治工作取得的突出成就

近年来,高校思想政治工作紧紧围绕改革发展稳定的大局,凸显与时俱进、导向鲜明、突出典型、形式多样等特点,为高校的健康发展营造了良好的舆论氛围。

(一)理论武装工作不断推进

注重用科学的理论武装师生头脑,保证思想统一、步调一致,是思想政治工作的根本要求。近年来,各地各高校充分发挥报纸、手机媒体、电视、网络、橱窗等校园媒介的作用,积极参与马克思主义理论研究和建设工程,切实抓好党委中心组的学习型组织建设,认真举办全校师生的学习教育活动,广泛开展热点难点问题的理论研究与宣传,有效促进马克思主义中国化最新成果的"三进"工作,为高校师生坚定理想信念提供正确理论指导和强大精神支柱。

(二)校园舆论引导富有成效

近年来,各地各高校坚持以团结、稳定、鼓劲和正面宣传为主,坚持围绕国际国内的重大事件,深入开展党的基本理论、基本路线、基本纲领、基本经验的宣传教育,"唱响主旋律、打好主动仗";开辟专栏,广泛开展向模范人物学习的活动,继续推进社会主义荣辱观教育

活动，加强对广大师生关注的热点、难点问题的引导；大力加强有关学校办学思想、重大决策、重要会议、学术活动和社团活动的宣传引导工作，确保社会主义大学的办学方向；大力推动校园网络建设，坚持疏导结合，对网络信息实行全方位、全天候监控，组织网络评论员对网络舆论进行引导，积极营造健康向上的网络文化氛围。

（三）思想政治工作不断改进

近年来，各地各高校把加强和改进思想政治工作作为宣传思想领域的一项基础性工作和宣传思想战线的一项基本职责，深化思想政治理论课课程改革，积极稳妥地实施高校思想政治理论课新课程方案；积极促进马克思主义理论学科体系的创新工作，努力把社会主义核心价值体系贯穿于教育教学和日常管理的全部过程；积极扩大先进典型人物的示范效应，着力构建具有时代精神和高校特色的校园文化；积极创新思想政治工作载体，结合一系列重大活动，深入挖掘新媒体技术的思想政治教育功能，不断拓展以文化人的育人平台；充分发挥思想政治教育主阵地主课堂主渠道的作用，努力完善"三全育人"机制，不断形成党委统一领导、党政齐抓共管、部门各负其责的工作合力。

（四）宣传思想工作干部队伍建设不断加强

近年来，各地各高校按照"大宣传"工作格局，举办宣传工作研讨班，组织开展业务研讨，不断提高宣传思想工作干部队伍整体水平；中央五部委联合举办"高校哲学社会科学骨干教师研修班"，实施思想政治理论课教师创新团队工程，推进高校思想政治理论课学科带头人培养，鼓励他们兼职辅导员或班主任工作，努力打造一支高水平的哲学社会科学骨干教师队伍；紧密结合保持共产党员先进性教育活动，深入持久地开展师德建设，把"教书育人"作为教师培养工作和学生管理工作的有机结合点；落实宣传责任制，初步形成宣传工作与学校教学、科研、人才培养工作，与部门、学院工作密切结合的工作格局。

二、我国高校思想政治工作存在的问题与不足

（一）新媒体技术的广泛应用对高校思想政治工作提出了新的要求

新媒体技术是把"双刃剑"，高校思想政治工作在如何发扬新兴媒体的优势、努力克服新媒体发展中存在的不足等问题上，还需要进一步理清思路；在发展积极健康的网络文化、扩大覆盖面、增强吸引力等问题上还需要提高技术水平；在有效引导网上理论热点，避免让错误信息或者模糊的信息成为舆论形成的信息基础等问题上，还需要不断提高引导能力。

（二）新宣传阵地的竞争日益激烈

对思想政治工作队伍建设提出新的要求。当前，我国大部分高校的宣传思想文化工作的组织机构比较完备，但也存在专职人员紧缺、人员年龄结构不合理、素质参差不齐等问题，随着学校新闻中心效能的不断扩展，这种情况显得更为突出。另一方面，岗位培训工作滞后，宣传队伍政治理论水平及各方面业务水平还有待提高。

（三）认识不统一

在我国以经济建设为中心和实行市场经济的大背景下，人们越来越关注到经济方面和个人利益方面，在一定程度上造成部分人对社会主义建设新时期思想政治工作的重要性和必然性的认识不足，有的只是将思想政治工作停留在一般的日常管理上，没有深入地开展；另有人认为，现在既然推行依法治校，那么只要健全制度、严格管理即可，思想政治工作完全可以取消。这些认识上的不统一，极大束缚阻碍了高校思想政治工作的开展。

（四）工作不主动

一谈到思想政治工作，一些人会认为主要是维护人们思想稳定，解释工作中出现的矛盾，确保工作按原计划推进。受这种思想认识的影响，一些人没有将思想政治工作贯穿到日常的学习教育之中，而只是停留在维护现状或补救问题上，采取一种保守的、被动的工作方式，发生了事情才抓一下，出现了问题才进行教育。

（五）针对性不强

改革开放以来，我国精神文明和物质文明建设取得了世人瞩目的成绩，但与此同时，社会上的拜金主义、享乐主义、极端主义等腐朽思想对高校师生也有着不可忽视的消极影响。有的思想政治工作脱离实际，思想政治教育只停留在书本上或者理论上，缺乏针对性，产生了错位，甚至起到了副作用。

（六）高等教育事业的快速发展对高校思想政治工作的改革创新提出新的要求

随着高等教育改革发展的不断深入，高校思想政治工作者在理论水平、政策水平、业务能力以及宣传意识等方面，与学校发展的要求和师生的期望仍然存在不小的差距，突出表现在高校思想政治工作在贴近实际、贴近生活、贴近群众方面的力度不足，师生主动地广泛地参与主题活动的积极性不够；对高校思想政治工作方式方法的改进创新力度不够，策划能力仍然有待提高；对建立校园文化建设的统筹联运机制不够重视，对校园文化建设的深刻内涵挖掘不够深入。

（七）构建大政工的迫切需求对高校思想政治工作的资源整合提出新的要求

做好思想政治工作不仅仅需要政工部门的努力，更需要全校上下的协同联动。当前，高校宣传思想文化工作资源整合还不够，联合作战的团队优势尚未得到充分发挥，各个学院之间的资源与信息共享不够及时，各基层院系的思想文化宣传工作比较缺乏，特别是师生兼职宣传思想工作队伍和工作机制还没有完全建立起来，"人人都是辅导员"的理念还没有深入人心，未能形成大宣传、大教育、大服务的格局，思想政治工作合力不强。

三、当前高校思想政治工作的发展趋势

（一）观念现代化

转变观念是有效开展高校思想政治工作的首要条件，新时期大学生有较强的信息处理能力，接受新鲜事物较快，自媒体的发达使大学生眼界越来越开阔，近几年微信、微博等手机APP的繁荣发展使大学生对国家、社会的新闻都能在第一时间掌握，思想观念现代化就成为重要的标志。与此相对应，思想政治工作应解放思想、实事求是，总结经验并不断创新，在既大胆借鉴又不妄自菲薄的基础上，紧跟时代潮流，形成符合时代发展趋势的高校思想政治工作新的观念。

（二）功能复合化

过去我们对于思政课的认识和定位不够准确，一部分人认为其功能性十分单一、很死板，另一部分人又过于夸大思政课对学生起到的作用。过于单一容易弱化它的作用，过于宽泛又容易出现包打天下的弊端。应该承认思政工作有定向功能、塑造功能、矫正功能和服务功能。把握思政工作功能的复合化特征，正确理解和充分挖掘基本功能，对发挥思政工作的传统优势，发挥其在帮助学生全面发展和健康成长中的作用是必要的。

（三）人员专家化

一般来说，高校的全体教职工都负有思政工作的责任，其中起骨干作用和关键作用的是高校政工队伍。有没有一支高素质的、业务精湛的、政治坚定的政工队伍，将直接决定高校思政工作的效益和水平。高校党委书记和校长应该是教育家，"两课"教师应有自己的知名学者，兼职政工人员应该不断提高思政工作能力。未来的思政教育工作需要知名学者，需要创新课，需要高水平课题、论文、专著。

四、改进高校思想政治工作的对策建议

（一）提升高校思想政治教育工作者育人能力，营造教育气氛

高校思想政治教育工作者要不断调整心态，转变传统的家长式的单一教育形式，提高教育服务意识，与学生们和谐相处，定期交流沟通。高校教师需要在业务能力、教育方式等方面提升自己的素质，掌握正确科学的方式。同时，高校要不断完善与优化思想政治教育工作者队伍，只有好的教师才能培养出高素质的人才，为社会岗位输送优秀的人才。

（二）创新理论武装工作，巩固发展全校师生团结奋斗的共同思想基础

马克思主义是我们立党立国的根本指导思想，是全党全国人民团结奋斗的共同思想基础，因此，理论武装工作是宣传思想文化工作的首要任务。必须按照武装头脑、指导实践、推动工作的要求，结合师生思想实际和各项工作实践，切实把科学发展观的要求贯穿在办学兴校的各个方面；要不断完善校、院、系、班"四个层次"的政治理论学习制度，切实加强思想政治理论课课程改革，积极推进科学发展观"三进"工作；要充分利用各种资源，不断改进方式方法，增强理论武装工作的凝聚力和吸引力；要坚持把集中学习与日常学习、网上论坛与实地调研考察、创新媒介与丰厚宣传内容很好地结合起来。

（三）创新新闻宣传工作，坚持正确舆论导向

"舆论导向正确，是党和人民之福；舆论导向错误，是党和人民之祸。"新闻宣传工作是党的生命的一部分，在宣传思想工作中占据不可替代的重要地位。创新新闻宣传工作，要始终坚持"团结鼓劲、正面宣传为主"的原则，全面、及时、准确地宣传党的路线、方针、政策，努力打造正面舆论强势；要精心组织策划重大主题宣传和重点活动报道，以各种重大节日和重大活动为契机，做好主题宣传，唱响主旋律、打好主动仗；要将真实准确视为新闻的生命，坚持从实际出发，用事实讲话，反映事物的本来面貌和客观规律，做好舆论监督，积极引导社会热点；要处理好报道数量与报道质量、集中宣传与经常性宣传的关系，不断扩展先进典型的辐射领域和群体；要充分发挥高校各种宣传媒介的协同配合作用，努力形成宣传合力。

（四）创新思想政治工作，营造构建和谐校园的良好环境

思想政治工作是经济工作和其他一切工作的基础和前提，这是我们党总结历史经验得出的一条重要结论。创新思想政治工作，要坚持把立德树人作为根本任务，树立以人为本的育

人理念，在关心人爱护人中教育人引导人；要以理想信念教育为核心，努力打造既仰望天空、又脚踏实地的拔尖创新型人才；要以工作实效为着眼点，深入挖掘途径载体的深刻内涵，不断创新途径载体；要以形成合力为突破口，不断完善高校思想政治工作的长效机制。

（五）坚持以人为本、以学生为本的原则

我们要让高校学生的主体作用实现最大限度地发挥，需要充分理解高校学生的愿望与需求，坚持以人为本的原则，在高校中形成管理育人的局面，实现我国高校新时期育人的根本目的。培养出学生们的诚信道德与意识，将社会中一些案例给学生讲解，让学生从中受到教育与启发。由于高校教育是学生接受学校教育的最后时期，学生们在学习中不但要接受与积累知识理论，还需要进一步培养出自己的品质与素质，形成了自己独特个性，从而在毕业后顺利地走向工作岗位。

（六）加强和改进"两课"教学，充分发挥主渠道作用

马克思主义理论课和思想品德课（简称"两课"），是大学生思想政治工作，特别是马克思主义理论工作的主渠道和主阵地，在引导当代大学生树立社会主义理论信念和正确的世界观、人生观、价值观方面发挥着十分重要的作用。随着国际形势发生复杂、深刻的变化，我国改革开放和社会主义市场经济的发展，高校学生思想政治工作的环境、任务、内容和对象都发生了很大变化，"两课"教学必须要适应这种新的变化和要求，以进一步增强"两课"教育教学的针对性、吸引力和实效性。

1. 转变教学观念

"两课"教学中存在的较为突出的问题就是在教学内容上还不同程度地存在着理论与实际相脱节的现象，在教学方法上还不能适应课程新内容的要求。解决这些问题，要着力实现教学观念的转变，开拓"两课"教师的视野，从新的高度理解"两课"教学的作用和功能。"两课"教学并不是单纯的文化知识的传授，它更是对大学生进行马克思主义理论和思想品德教育的主渠道和主阵地，是大学生思想政治素质工作的重要方面。无论是进行理论教育还是进行思想政治素质教育，最重要的就是要弘扬马克思主义学风，坚持理论联系实际，还要注意理论深度还要贴近现实生活，切实增强"两课"教学的针对性。也就是说，要紧密联系当前社会发展的实际、联系大学生身边的实际、联系大学生的思想实际进行理论与思想政治教育。实践证明，能否在"两课"教学中弘扬马克思主义学风，是"两课"教学成败的关键，也是"两课"教师教学内容和方法正确与否的根本所在。

2. 大力推进高校"三进"工作

把学习邓小平理论和"三个代表"重要思想作为"两课"教学的重要内容，使邓小平理论和"三个代表"重要思想"进教材、进课堂、进学生头脑"，既是新形势下党中央的一项重大举措，也是"两课"紧紧抓住"解放思想，实事求是"的精髓；要充分体现只有社会主才能救中国，只有社会主义才能发展中国，我们坚持的社会主义是有中国特色社会主义的基调；要认真贯彻党的十八大精神，密切联系社会主义现代化建设面临的新形势、新任务以及大学生思想政治工作的新变化，增强科学性、系统性和针对性。同时，"两课"教育教学还要在研究中国特色社会主义理论体系同马克思列宁主义、毛泽东思想和邓小平理论"一脉相承"上下功夫，在研究"继承发展"上下工夫，在研究反映"对党和国家工作的新要求"上下工夫。只有这样，才能使"两课"教学内容深入浅出，生动简明，有吸引力，使学生学了就能得其要领、永志不忘，真正进入头脑中。

3. 优化教学手段

学校发挥网络教育方式多样、直观形象的优势，组织有关专家编辑制作"两课"的一系列多媒体网络课件，把严肃抽象的理论教育内容变得生动、形象、有趣，帮助学生生动形象地学习和领会"两课"的丰富内涵。同时，学校要创造条件，开辟"第二课堂"，举办形势报告会和专题讲座，为大学生学习"两课"特别是邓小平理论、"三个代表"重要思想、科学发展观以及"中国梦"营造良好的校园环境。

（七）加强校园文化建设，提高大学生的综合素质

校园文化建设是思想政治工作的有效载体，思想政治工作又是校园文化建设的重要组成部分。校园文化是通过一定的物质环境和精神气氛使生活在其中的每个成员都有意无意地在思想观念，心理因素、行为准则、价值取向等方面与现实文化发生认同，从而实现对人的精神、心灵、性格的塑造。校园文化是实现大学教育目标的最重要的依托之一，是衡量大学实现教育目标能力的重要标准之一。因此，校园文化的建设尤为重要。

1. 转变教育理念，重新定位校园文化

长期以来，部分高校将校园文化建设等同于对学生的思想政治工作或者等同于学生业余活动的开展，从而使校园文化建设局限在学生管理和思想政治教育的层次上，而忽视了校园文化中精神因素的作用。因此，在新的历史时期，我们必须转变教育理念，重新定位校园文化。校园文化的核心和实质应该是超功利主义的，它的出发点是人的发展，它是以文化为载体，着眼于精神建设，直接服务于人的全面发展。我们应把高校校园文化建设提到这样一个新的高度来认识，而且更重要的是，校园文化能赋予大学生一种文化意识和文化品格。当学生长

期置身于校园文化形成的浓郁的精神氛围中，就能够在潜移默化中受到熏陶，不自觉地形成这种文化意识和文化品格。

2. 树立全员共建校园文化的意识，把校园文化建设纳入高校发展的总体规划

校园文化在高校实现培养目标过程中的重要作用决定着它不是学校内部哪一个或几个部门所能建设得好的，更不是仅凭学生管理和思想教育部门的努力就能收到应有的效果。校园文化建设与高校的各个方面的工作都有关系，良好的校园文化也不只是让在校大学生受益，而且能使包括教师在内的所有师生员工受益。因此，高校要高度重视校园思想文化建设，应成立了由党委副书记、副校长为正副组长，各院、系和有关部、处以及关工委主要负责同志任组员的校园文化建设领导小组，负责全面规划、部署、协调学校的校园文化工作，这样才能保证校园思想文化建设的资金投入，使学校的校园思想文化建设始终沿着预定的目标不断深入。校园文化建设也不是一朝一夕所能完成的，需要长期的、艰苦的努力才能收到一定的成效。只有把校园文化纳入学校总体规划，才能使校园文化建设具有系统性和长远眼光，才能发挥校园文化在高校完成其培养目标过程中的作用，从而使校园文化与学校特色保持一致。

3. 发挥好校园文化的导向功能，突出校园文化建设的宗旨和目标

校园文化必须坚持以科学的理论武装人、以先进的舆论引导人、以高尚的情操感染人、以优秀的作品鼓舞人，积极开展健康有益的教育活动，全面提高大学生的综合素质。我们在校园文化建设中发挥其导向功能，其目的就是让健康向上、催人上进的文化占领校园文化主阵地，使学生能自觉地摒弃腐朽落后、低级庸俗的文化，使高校在接受社会大环境的积极影响的同时，也对优化社会大环境做出积极贡献。这就要求我们在校园文化建设中，弘扬主旋律必须要结合各个学校的实际，努力做到贴近学生，贴近生活，找准切入点，使校园文化的导向功能能够得到较好的发挥，起到环境育人的作用。

4. 开展丰富多彩的校园文化活动，全面提高学生的综合素质

要丰富校园文化，就需要大力开展形式多样、丰富多彩，高品位、高格调，富有感染力和吸引力的校园文化活动。如举办各种主题的校园文化节，广泛开展校园文明创建活动，经常举办文艺晚会、大奖赛、辩论赛、知识竞赛、作品展等多样化的文化艺术教育活动，开展丰富多彩的学术、科技活动以及精心组织学生社会实践活动，我们要在高校内初步构建起多层次、多类型、系列化、大众化、规模化和精品化的独特校园文化氛围。通过这些积极、健康的校园文化活动，不仅极大地丰富了大学生的思想文化生活，提高了他们的文化品位，而且使学生的综合素质得到了全方位的发展。

第三节 高校思想政治工作改革的必要性

一、全球化环境下保持正确价值观念的重要手段

第一，在全球化过程中，以美国为首的资本主义在对外扩张的时候，极力塑造自身民主、自由、富足的形象，同时又有意夸大我国在现阶段存在的一些问题，如贪污腐败、下岗失业、贫富分化加大等，非议社会主义建设的正确性，这使得一小部分民众受其影响，相信西方国家的谎言，对社会主义制度的优越性开始怀疑、对社会主义信念产生动摇，甚至转而信仰、崇拜资本主义。

第二，全球化背景下的"地球村"现象，弱化了人们的民族精神和爱国意识。在经济全球化背景下，意识形态的斗争方式更加复杂化，内容涉及到社会的方方面面，方式越来越隐蔽化，也越来越具有欺骗性。西方国家通过与我国的文化艺术交流，通过影视、音乐、广告、网络、商品等作为媒介，大力宣扬其价值观和生活方式，这使得一部分素养较低的大学生在潜移默化中淡化了国家意识和民族情感。

第三，信息全球化主导了我国的舆论导向。现代社会，网络深入到民众生活的方方面面，大学生更是网络世界的主力军，西方资本主义国家借助这一媒体，宣扬以个人为本位的价值观，使大学生的价值观发生了许多变化。部分大学生在价值目标选择上功利化和世俗化，偏重于个人目标，讲奉献的学生少了，而追求实惠和物质利益的现象多了。使得我国传统的以社会为本位的价值观，主流舆论受到挑战，如何来应对这种冲击，是摆在我国大学生思想政治教育工作者面前非常艰巨的任务。

随着全球化的不断深入，市场经济体制大的逐步确定，学生在学业、就业、交往等各方面正在承受着空前的压力。与此同时，西方资产阶级的极端个人主义、享乐主义、拜金主义也在大学生中迅速蔓延。随着我国经济体制改革而来的诸如失业、城乡分化、贫富差距等社会化问题的加剧，也导致民众们对现实社会产生越来越多的困惑。现代社会存在的某些道德缺失也使民众感知的社会越来越复杂，民众的世界观、人生观、价值观在这种环境中不断产生着新的矛盾和改变。由于大学生在政治，思想上的不成熟，在面对如何处理个人与集体、利己和奉献、价值取向等方面，他们往往处于迷茫的境地。如何帮助大学生走出这些困惑，如何处理不断产生的矛盾，如何使大学生树立正确的价值观，就需要以与时俱进的马克思理论为指导，不断创新大学生思想政治教育的理念、方式、内容、机制等，开创大学生思想政治教育的新模式，增强大学生思想政治工作的实效性，以保证在全球化背景下，使大学生坚守社会主义意识形态的思想阵地。

二、构建社会主义和谐社会的需要

胡锦涛指出:"一个社会是否和谐,一个国家能否实现长治久安,很大程度上取决于全体社会成员的思想道德素质,没有共同的理想信念,没有良好的道德规范,是无法实现和谐社会的。"而全社会成员良好的道德素质,共同的道德信念和道德规范,是靠思想政治教育内化到每一个社会成员心中的。思想政治教育在提高人的精神境界,转变人的观念体系,改变人的思维方式上有着不可替代的作用。思想政治教育可以培养健康的情感,充实的精神世界,提高民众的社会责任感和主人翁精神,形成对世界、对民族、社会、人生的正确的理性认识,不断促进自身的发展,构建社会主义和谐社会。思想政治教育通过激发民众的积极性、创造性,为构建社会主义和谐社会提供精神动力和智力支持,把构建和谐社会的外在责任和内在的德行统一起来,形成群体和社会的共同价值观,形成推动社会进步的凝聚力,促进社会主义和谐社会建设。

三、契合国家对创新型人才的需求

人才问题关系到国家和民族的长远发展大计,习近平总书记在党的二十大报告中强调,"人才是第一资源""坚持为党育人、为国育才",点出了强党兴国的人才密码。党的二十大报告将"实施科教兴国战略,强化现代化建设人才支撑"作为专章加以深刻阐述,在党的历次全国代表大会报告中尚属首次。除此之外,报告还首次提出,教育、科技、人才是全面建设社会主义现代化国家的基础性、战略性支撑,将人才与科技、教育摆在了新时代新征程的核心位置,这是对党百年来形成的人才理论的进一步创新与发展。我们已迈上全面建设社会主义现代化国家的新征程,人才作为核心战略要素,是实现这一伟大目标的基础性支撑。

对于 21 世纪的大学来说,教育的终极目标就是培养掌握丰富科学知识和拥有良好思想道德品质的创新型人才。科学知识是成为人才的基础,而思想道德修养则是其之关键。1996 年,国际 21 世纪教育委员会的报告《教育——财富蕴含其中》把创新教育作为教育的最高目标:"教育的任务是毫不例外地使所有人的创造才能和创造潜力都结出丰硕的果实。"创新教育要结合素质教育,要"两手都要抓",唯有这样,才能培养出真正的合格人才。

四、高校思想政治工作的内在诉求

首先,高校思想政治工作的学科建设亟待改进。在新形势下,高校思想政治工作要切实面向现代化、面向世界、面向未来,充分发挥作用,必须与其他学科充分融合起来,并向多领域渗透。要实现高校思想政治工作的现代化，完善高校思想政治工作体系的学科建设，加强高校思想政治工作的实效性，就必须实现高校思想政治工作在教育观念、教育方式、教育机制等方面的创新。

其次，大学生群体——受教育者主观上发生了很大的变化，新时代的大学生有许多新特点，他们信息量广，知识面宽，独立思考的能力强，个性独立，一定程度上追求民主与自由。面对这样的教育对象，大学生思想政治工作如何使大学生具有正确的价值追求，摒弃极端自由主义、享乐主义等消极思想，辩证的分析接受西方资本主义传入的各种信息需要很好地进行研究。

第三，当今高校思想政治教育存在一些需要解决的"顽疾"。尽管高校思想政治工作对于实际解决大学生的各方面的问题已经取得了阶段性的成果，但不足之处仍然十分突出。具体来说，主要表现在缺乏超前性和预见性，预警机制薄弱，不能真正地从大学生的心理出发，了解大学生的真实想法，很多情况下甚至把思想问题当成心理问题来解决。此外，高校思想政治工作在内容上单一枯燥、方式上综合性差，存在以一概全，治标不治本的问题，强调共性，忽视特性等多方面的漏洞，而这些问题的解决就需要创新思想政治工作的方式、内容和机制等。

五、国内外形势发展的迫切需求

（一）国内形势发展的根本需要

随着改革的不断深入，我国社会经济成分和经济利益、社会生活方式、社会组织形式、就业岗位和就业方式等"四个多样化"趋势日益明显，使人们思想活动的独立性、选择性、多变性、差异性逐渐增强。市场经济活动存在的负面作用及其带来的消极影响，反映到人们的思想意识和人与人关系上来，容易诱发自由主义、拜金主义、享乐主义和利己主义等思潮。改革进入攻坚阶段，发展进入关键时期，经济和社会生活长期积累的深层次问题逐渐显现，使人民内部矛盾的内容和表现形式都出现了极为复杂的情况。随着我国实行改革开放政策，扩大文化交流，世界各种文化思潮纷纷涌入，国外腐朽没落的思想文化随之而来，加之我国长期存在的封建残余思想包括封建迷信和愚昧落后等思想观念，在新的历史条件下沉渣泛起，势必引起一些人出现复杂的思想动态和思想问题。面对新形势如何有效开展思想政治教育，如何扩大思想政治教育的覆盖面，如何增强思想政治教育的影响力，都给思想政治工作提出了许多新课题。

（二）国际格局变动的迫切要求

随着经济全球化的深入发展，国际经济政治格局呈现多样化的发展趋势，科学技术日新月异，使得世界各国之间的联系越来越紧密。在国际局势的新变动中，我们将进一步扩大开放，走向世界。但是冷战结束后，随着前苏联和东欧一些社会主义国家的解体，西方敌对势力一直不遗余力地以各种手段和方式对我国实施"西化""分化"的战略图谋，企图颠覆共产党的领导和我国的社会主义制度。尤其是在意识形态领域，更是极力宣扬资本主义那套政治制度和价值观念。所以，思想领域渗透与反渗透的斗争将是长期的、复杂的。同时，当代世界社会主义进入低潮和资本主义在演进过程中呈现某些繁荣现象，使一些干部和党员不同程度地产生了对马克思主义和社会主义的"信念危机"。如何在对外开放的条件下有效防止和消除西方文化垃圾的毒害，抵御敌对势力的思想渗透，如何在这种渗透影响下，坚持马克思主义指导下的意识形态，巩固我国人民团结奋斗的精神成果和支柱，都使思想政治工作受到了严峻的挑战。

六、改变思想政治工作现状的正确选择

改革开放以来，思想政治工作在诸多领域都取得了可喜的成就，并且在经济建设和社会进步中充分发挥出强有力的服务和保证作用。但从总体上来看，面对新形势、新问题、新矛盾，我国思想政治工作在观念、内容、形式、方法和队伍素质等方面仍然显得很不适应。例如，一些同志尤其是有的领导干部对思想政治工作认识不正确，重视程度不够；政治工作内容陈旧、覆盖不到位、责任不明确、工作不落实等问题依然存在，党政各部门和社会各方面齐抓共管的局面难以形成，由此带来思想政治工作绵软无力，导致部分思想阵地被歪理邪说占领；思想政治教育研究滞后、对社会思想把握不准确、针对性不强、方法手段落后、效果不尽人意等问题正严重困扰着广大思想政治工作者。历史已经证明：每当国家和社会处于重大转折的关键时刻，党的思想政治工作都能起到统一思想、明确方向、坚定信心的作用。这既是党的优良传统，也是思想政治教育的历史功绩。因此，在新形势下，要继续发挥党的思想政治工作的威力，必须以创新求发展，认真研究新时期思想政治工作的特点和规律，积极开辟新途径、探索新方法、创造新经验，开辟思想政治工作的新局面。

七、思想政治工作的科学发展的需要

世界上的一切事物都是发展的、变化的，思想政治工作也是不断地发展的，变化的。当

今社会，思想政治工作要解决新的问题，以适应时代的发展，这就要求思想政治工作进行创新。思想政治工作的创新要坚持马克思主义的指导，在思想政治工作的内容、形式、方法和机制等方面进行创新。妥善处理好继承和发展的关系，事实就是，着眼于未来的发展，实施科学有效的思想政治工作。伴随着世界知识经济的到来，传统的思想政治工作观念已难以适应社会的发展和需要，为了跟上时代发展的脚步，思想政治工作必须切实的做出改变，这就要求我们对思想政治工作进行创新研究。

第二章 思想政治的改革要素

第一节 思想政治教育改革的时代背景

伴随着改革开放和社会主义市场经济的快速发展，我国社会正处于深刻的社会转型期，也即处于由传统型社会向现代型社会转变的过程之中，社会经济成分、组织形式、就业方式、利益关系和分配方式日益多样化。人们思想活动的独立性、多变性、差异性、选择性显著增加，各种思想观念相互交织、相互影响，在加上经济的全球化和信息的网络化，给思想政治教育创新带来了大量新情况、新问题，并提出了诸多新课题。

一、经济成分多样化

在实施改革开放以前，我国的经济成分基本上是以单一的公有制经济为主。十一届三中全会以后，我党提出了社会主义初级阶段的理论决策，并从我国正处于并将长期处于社会主义初级阶段的基本国情出发，逐步确立了以公有制为主体、多种所有制经济共同发展的基本经济制度，积极探索公有制经济的多种实现形式，鼓励、支持、引导个体经济、私营经济等非公有制经济的发展。在党的正确领导下，我国所有制结构发生了重大变化。非公有制经济发展迅速，成为经济发展中增长最迅速的经济成分。所有制结构的调整，彻底打破了计划经济体制下单一公有制的局面，并形成了国有经济、集体经济、个体经济、私营经济以及外资经济等多种经济成分在市场竞争中同步发展的格局。经济成分的多样化在推动国民经济发展、满足人民群众多样化的物质需求和扩大就业等方面发挥了十分重要的作用。经济成分的多样化在思想文化领域也产生了十分巨大的影响。以马克思主义为指导的社会主义意识形态依然占据主导地位，但是人们的思想观念、价值取向也发生了比较明显的变化，呈现多样化趋势。这就必然要求思想政治工作根据经济社会发展的实际情况，持续增强针对性和有效性，不断提高影响力和感染力，团结引导广大人民群众共同前进，大力宣传社会主义核心价值体系，使社会主义核心价值体系深入群众，获得广泛的群众基础。

二、社会组织形式多样化

计划经济体制下，社会组织形式主要是依靠行政手段形成的，具有单一、有序、紧密的特征。经济成分多样化的快速发展，改变了这种单一的经济组织形式，为社会成员开辟了"单位制"以外新的组织形式。随着市场经济的发展，涌现出大量的社会团体和群众组织，各种各样的新经济组织以及社会组织也应运而生。组织形式多样化表明社会主义民主政治得到很大发展，社会更加开放，环境更为宽松，社会成员参与社会活动的机会大大增加。但是组织形式多样化之下的各种社会组织，良莠不齐，活动频繁，会削弱社会整合功能，影响社会秩序的稳定，这就加大了思想政治工作的难度。因此，思想政治工作的组织体系必须进行相应调整，以适应组织形式多样化发展的现实。对于党的领导比较健全的组织，要充分发挥它们在思想政治工作方面的积极性作用，利用其广泛联系群众的优势，广泛开展多种形式的、具有实效的工作，增强广大群众自我教育、自我管理、自我服务、自我监督的观念和能力。要积极引导各种非正式组织，加大对其成员思想政治教育的力度。

三、就业方式多样化

经济体制的转变，产业结构以及所有制结构的调整，打破了传统的"大锅饭""铁饭碗"等统包统筹的就业岗位和就业方式，逐步形成了劳动部门介绍就业、劳动者自主择业和自谋职业相互结合、彼此补充的新就业方式。随着用工制度和干部人事制度的深入改革，企业固定工逐渐减少，合同工、临时工日益增多，聘任制、公开招考和选拔、竞争上岗相互补充。就业方式的多样化，打破了过去计划经济体制下"一岗定终身"的局面，就业的路子变得更宽、更广、更好，人们的就业机会更多，这从一定程度上减轻了就业压力，促进了就业观念的转变。但与此同时，部分负面影响也随之产生。例如，一些人逐步淡化、减弱了爱岗敬业、牺牲奉献的精神和意识等等。就业方式的多样化使一些单位对个人的约束力逐渐弱化，以国有企事业单位为依托开展思想政治工作的传统优势，在一些地方已难以为继甚至不复存在。这就必然要求思想政治工作要努力扩大社会覆盖面，增强感染力，根据社会主义基本经济制度下的不同职业、不同人员的实际情况，有针对性的开展工作，更好地秉持先进性和广泛性相结合、解决思想问题与解决实际问题相结合、教育与管理相结合的原则。

四、利益关系和分配方式多样化

经济成分的多样化必然导致利益关系和分配方式的多样化。利益关系的多样化要求在提倡艰苦奋斗、无私奉献精神的同时，也必须保护人们各种合法权益；分配方式的多样化表明人们的收入渠道逐渐增多，这有利于人们实现自身利益。但是，不可忽视的一点是，利益关系和分配方式的多样化也推动着人们通过各种途径，利用各种手段去实现自己的物质利益，这必然导致部分人行为失范的问题，甚至做出危害人民危害社会的违法乱纪行为。利益关系和分配方式的多样化还会导致收入差距的扩大，不同的利益主体在收入上存在很大差异，这又必然导致低收入群体心理失衡，甚至产生不利于社会稳定的因素。这就要求思想政治工作要把广大人民群众最关心、最直接、最现实的问题放到工作的首位，为经济发展提供强大的精神动力和智力支持，以满足人民群众日益增长的物质文化需求。同时，要动员鼓励群众把个人价值与社会价值结合起来，在完成好本职工作和履行好社会责任的过程中，实现自己的人生价值，展现出独特的个性风采。

五、经济的全球化和世界联系的紧密化

经济全球化使世界越来越融为一个整体，世界各国的联系也越来越密切。作为世界上最大的发展中国家，经济全球化在为我国带来广阔的世界市场、先进的科学技术和管理知识等资源的同时，也给我国社会的方方面面造成了冲击和挑战。具体到思想政治工作来说，经济全球化有利于我国形成更加宽容理性、平等竞争的经济、政治以及文化环境，有利于引导人们树立全球意识、开放意识、自主意识以及进取意识。同时，经济全球化还会带来政治学、心理学、社会学、伦理学、管理学等学科的先进知识和世界各国的优秀文明成果，这也能够为思想政治工作不断走向科学化、现代化提供巨大的机遇。但是，全球化也给思想政治工作带来前所未有的新挑战：一是两种社会制度的对比趋于复杂化，理想信念教育任重道远；二是西方思想文化和价值观念不断渗透和扩张，意识形态建设更加复杂；三是影响人们思想的复杂因素增加，思想政治工作任务更加繁重。

六、信息的网络化

随着时代的发展和科技的进步，网络技术已经渗透到经济、政治、文化等社会生活的各个层面，冲击着传统的思想观念和思维方式，改变着人们的工作和生活方式，也对思想政治工作造成了深刻的影响。一方面，网络的互动性使人们不再只是单向接受思想政治工作者的

灌输，而是要求平等交流，这对思想政治工作者的权威性提出了严峻挑战；网络的开放性使西方"和平演变"手段进一步增多；网络的隐蔽性容易导致一些网民产生不道德、不健康的行为，如"人肉搜索"、网络暴力、黄色信息、反动信息等等。这些都会影响到社会的秩序，也会给思想道德建设带来新的挑战。另一方面，网络本身所具有的及时性、综合性、开放性以及虚拟性等特点，使思想政治工作面临着新的发展机遇。信息网络化为思想政治工作提供了现代化手段，极大拓展了思想政治工作的空间；信息网络化为思想政治工作创造了一个全新的环境，开拓了思想政治工作的新渠道和新手段；信息网络化有利于了解人们更为真实的思想动态，使思想政治工作更加具有针对性。

七、思想观念、价值取向和思维方式多样化

随着"四个多样化"、经济全球化和信息网络化的发展，新旧体制的摩擦，新旧观念的碰撞，理想与现实的反差，这些必然会给人们的思想观念、价值取向和思维方式带来深刻的影响。一方面，推动了思想解放，改革开放意识深入人心，人们掌握了正确的思维方法，思想逐步成熟，利益意识、成才意识、民主意识、自主意识、平等意识等方面的意识逐渐增强。另一方面，对人们思想观念、理想信念、社会心理带来了巨大冲击，诱发拜金主义、享乐主义、极端个人主义、实用主义、功利主义思想，也出现攀比心理、仇富心理、逆反心理等不良社会心理。同时人民内部矛盾增多，有的矛盾日趋尖锐化、复杂化，群体性事件高发，这些问题都严重影响到社会稳定和人民幸福。如何创新方式进行正确的引导，这是思想政治工作的新课题。

第二节 思想政治教育改革的具体要素

一、具体要素

（一）意识的转变

中华民族自古以来就是一个富有创新精神的民族，在五千多年的繁衍生息中，留下了大量创新的业绩，如四大发明、李冰父子的都江堰水利工程、张衡的"地动仪"、中医学等，这些对世界文明都产生了重大的影响。早在先秦，《尚书》就提出："苟日新，日日新，又日新"。《易·系辞》也认为："变则通，通则久"。韩非子亦强调："不期修古，不法常

可"，即为不要一成不变，泥古不化。及至近代，康有为进一步指出："夫物新则壮旧则老，新则鲜旧则腐，新则活旧则板，新则通旧则滞，物之理也。"认为变革日新就是按事物发展规律办事。邓小平提出的"一国两制"的伟大战略构想，不仅是分析和解决我国现实问题的理论依据，其理论的成功运用也为国际社会解决类似历史遗留问题提供了范例。又如，邓小平关于社会主义初级阶段的理论，是对马列主义、毛泽东思想的丰富与发展，能够帮助我们正确认识社会主义的发展里程，坚定社会主义、共产主义的理想信念。江泽民指出："创新是一个民族的灵魂，是一个国家兴旺发达的不竭动力"。所以，高校思想政治工作者要增强创新的意识，首先就必须充分认识到创新对于社会发展进步的重大意义。

此外，新的国际国内形势也要求思想政治工作者要强化创新意识，及时更新自己的观念和方法。过去几十年来，高校所形成的一套行之有效的思想政治教育模式，为培养社会主义的建设人才，促进社会主义革命和建设发挥了十分重要的作用。但是，随着社会的快速发展，旧有的模式已经难以适应时刻变化的实际情况，必须从思想观念、思想内容和形式等方面进行一场革新，重新构建新时期高校思想政治工作的新模式，实现思想政治工作由命令型向自主型和灌输型，向渗透型、封闭型和开放型，向经验型和科学型的转变。目前，高校思想政治工作面临严峻挑战。

1. 和平与发展成为当代世界的两大主题

在风云变幻的国际环境中我们必须把握机遇，通过发展完善社会主义市场经济，使自己在经济全球化的过程中发展壮大起来。要做到这点，必须加强和改进思想政治工作，调动一切积极因素，凝聚全民族的力量和智慧。要在全社会树立社会主义的思想观念和道德风尚，防止拜金主义、享乐主义以及个人主义等思想倾向在一定范围内的蔓延滋长。

2. 高等教育自身的发展

随着高校管理体制改革、后勤社会化改革、人事制度改革的不断深化，要求学校思想政治工作不仅要在形式上作相应调整，内容上也必须符合改革发展的需要，体现时代特点。

3. 人的素质发生了变化

人作为思想政治工作的主体和客体，他们的自主意识和独立思考能力极大地增强。同时，他们的思想观念、生活态度、行为方式也由于其经济状况的不同而呈现比较大的差异性。因此，被教育者思想、观念、行为方面的多样化是高校思想政治工作应首先考虑的问题。

4. 高科技的发展

随着国际网络、多媒体的迅速发展，一方面为人们的工作、学习、生活提供了便利条件，方便了信息交流；另一方面，一些反动的、腐朽的和不健康的东西也混杂其间，对人们尤其是青年学生产生消极作用。如何对网络加以正确引导，使之成为思想政治教育的重要阵地，是思想政治工作的一个重要课题。

（二）教育方式的改革

（1）思想政治教育方式概述

思想政治教育一直以来都是我党的优良传统和政治优势，是全社会精神文明建设的重要保证。思想政治教育工作能否取得良好的效果，关键在于思想政治教育方式的问题。思想政治教育方式的改革是指在新的时代背景下，在继承传统的优秀成果上，改进旧的思想政治教育方式、方法，探索适合教育环境和教育对象思想变化的新方法。在整个思想政治教育改革过程之中，思想政治教育方式的改革是一个十分重要的环节。一定程度上，思想政治教育方式的改革制约和规定了思想政治教育创新的实现程度。因为如果方法过于陈旧或者不合理，势必无法适应社会的需要。思想政治工作效果欠佳，难以实现思想政治教育的目的。毛泽东同志曾经指出："我们不但要提出任务，而且要解决完成任务的方法问题"江泽民强调："加强和改进思想政治教育，过去行之有效的好传统，好方法要坚持，更重要的是要适应新情况，不断探索新方式、方法、手段和机制"。邓小平把思想政治教育同现代化建设结合起来，提出了"教育要面向世界、面向未来、面向现代化"的方针；物质文明建设和精神文明建设两手抓、两手都要硬的方针；提出了要把善于学习、解放思想和研究新情况、解决新问题结合起来；要把说服教育同制度建设结合起来；胡锦涛指出："加强和改进思想政治工作，注重人文关怀和心理疏导，用正确方式处理人际关系。"习近平指出："宣传思想工作要实现理念创新、手段创新、基层工作创新。"这些与时俱进的优秀文化成果使思想政治创新抽象的理论实现了具体化，对于破除陈旧落后的思维方式，树立开拓改革的思维方式，纠正思想政治实践中不恰当的工作方法，具有十分重要的指导意义。

（2）当前我国高校思想政治工作方式的特点

近年来，我国高校思想政治工作者在高校思想政治工作方法的研究上取得了十分优秀的成果，但是在当前社会形势下，高校思想政治工作在方式上仍然十分滞后。传统教育方式的落后，导致高校思想政治工作的实效性不高，难以实现高校思想政治工作的目的。

当前，我国一些针对高校学生的思想政治工作方式完全脱离了大学生的心理特点。单一的空洞说教，使大学生难以产生情感触动，灌输式的说服教育与大学生自由开放的心理背道而驰，忽略了师生之间平等交流的机会。此外，封闭式的高校思想政治工作使大学生远离实际，无法在实践中去心领神会，因此，当下的高校思想政治工作方式没有说服力，大学生难以接受。

2. 高校思想政治工作方式的改革思考

（1）灌输式与渗透式结合的教育方式

灌输是我国高校思想政治工作最基本、最常用的方式，也是高校思想政治工作最传统的方式，它重在向大学生灌输思想政治教育的基本理论知识。灌输是有意识、有目的地让某种主流思想理论起到主要的影响作用，进而去引导人们的思想意识朝着所期待的方向发展。列宁在《怎么办》中阐明了灌输理论的实质："工人本来也不可能有社会民主主义的意识。这种意识只能从外面灌输进去。"

当前，在全球化背景下，科学技术的发展和我国改革开放的进一步深化，给西方资产阶级的腐朽思想有了可乘之机，为保证党的领导和马克思主义理论体系的纯洁性，有意识有目的灌输共产主义理论是必不可少的。但是仅有灌输是远远不够的：单纯的灌输忽略了被教育者的主观能动性，扼杀受教育者的创新能力；灌输方式的单一枯燥容易导致大学生缺乏兴趣，甚至引起逆反心理，教育效果不甚理想；单一的灌输培养的都是唯书是从的"乖学生"，缺失了勇于挑战和革新的精神；灌输信息由教育主体向教育客体单向流动，并不关注教育客体的信息反馈。渗透式思想政治教育方式又可以认为是一种隐蔽性教育方式。这种教育方式通过现代科学技术，艺术地寓教于学，是一种不被受教育者察觉的无意识教育。它不是简单粗暴地把思想、要求直白地告知受教育者，不采用让人畏惧的训导和强迫接受，而是把教育的意向、目的隐藏渗透到受教育者学习生活的各个方面，在无形中把价值观渗入人们的头脑，以实现思想政治工作的终极目的。渗透式教育方式有效地避免了人们的逆反心理和抵抗情绪，极大地激发了人们的参与意识，使思想政治工作的覆盖面更广、更宽，实效性更加显著。

将灌输式和渗透式两者结合，在进行高校思想政治工作的过程中，同样是最具实效性的方式：一可以在课外时间，鼓励大学生积极参加学校社团和各种社会活动，如开展青年志愿者活动。组织参观考察具有代表性的历史博物馆等，在丰富课余生活的同时，又可以将课堂中灌输所学的思想理论知识在活动中融会贯通；二是将思想政治教育的内容综合到各学科的教学活动中，达到灌输与渗透双结合的作用。《哈佛报告》及其提出者认为："自由教育、博雅教育或普遍的课程中内涵的、理性的与道德的因素，对于学生道德发展的积极影响不仅是必要的，而且是必然的与巨大的。"大学生普遍素质较高，高校在注重文化课程的同时，也应对相关的人文社会科学课程加强建设，例如文学、美术、哲学、音乐等，让大学生在陶冶情操的同时，达到思想和意识的升华；三是通过创造美丽的校园环境，营造良好学习氛围，利用环境的感染力来对大学生思想政治教育起到促进作用。

（2）注重双向主体平等交流的柔性教育方式

传统的高校思想政治教育方式主要是灌输式，教育者单一的说教，受教育者只是消极被动地接受，这种单向的教育方式越来越无法满足新时期大学生思想政治教育的需要。随着人们信息量的逐渐增加、对事物判断力的日渐增强，认知能力的渐趋成熟，采取双向主体互动的柔性高校思想政治工作方式成为必要的手段。双向主体平等交流的柔性教育方式包括以下阶段，也即理论灌输－理解消化－交流沟通－信息反馈－总结归纳－成果共享六个阶段。所谓理论灌输，即教育者把当前国家的主流思想意识系统地灌输给受教育者，这是高校思想政治工作必不可少的基础环节。在系统掌握理论知识，也即学生自身在课堂内外对教育者传输知识的自我理解，形成一个大致框架之后，此时就需要教育者和受教育者，即大学生在平等和彼此尊重的基础上，通过对话交流或者各种活动等形式进行交流沟通。这种沟通是思想、知识、情感以及经验等多方面的深层次交流，不仅能够使师生交流了情感，也充分调动了学生的积极性。在交流之后，师生双方都会从对方获得有用的信息，并与自己已有的价值和判断体系进行对比，吸取认为正确的一些信息作为自己行动的指导，这是信息反馈阶段。总结归纳则是指师生在相互交流之后，对比自己的价值体系，对吸收的对方正确信息的一个整理。这意味着师生对彼此的认同和接受。经过了上述几个阶段，师生之间在交流中创造的经验和智慧，就是共同面对和分享的思想政治教育成果。

（3）将高校思想政治工作与其他学科交叉整合的工作方式

所谓学科交叉整合，就是将一门学科的有效方式与其他多门学科的方式紧密结合起来，形成科学性更强、实效性更高的新工作方式。具体到高校思想政治工作，其与教育学、心理学以及人文科学等学科在方法上的交叉整合，即是符合时代需要的新型高校思想政治工作方式。其中，最为突出的例子就是将心理学的教育方式运用到高校思想政治工作过程之中。大学生在新时代面临各种思想上的冲击，将心理学的循循善诱运用到思想政治教育中，将克服大学生的畏惧和抵抗情绪，使思想政治工作起到事半功倍的效果。同时，在对大学生进行思想政治工作的过程中，针对大学生在学习生活中出现的各种烦恼困惑和心理困扰，可以利用心理学的心理疏导方式帮助大学生正确调试心理问题，解决困扰。又如，将高校思想政治工作与各种人文科学紧密地结合起来，让大学生在艺术的感染和对社会现实的思考中，潜移默化地接受国家主流意识。总之，将高校思想政治工作与其他学科交叉整合是高校思想政治工作值得研究的创新方式。

（4）丰富校园网络环境，优化信息渠道的工作方式

新时期，要充分发挥网络的信息传递作用，高校思想政治工作离不开丰富的信息量。而单纯的依靠大学生自身对网络信息的吸收，显然存在一定的风险：一是大学生在信息的选择上忽视知识性和社会性，容易受到不良信息的误导；二是要有足够的主流信息传递，信息要具有代表性和新闻性。在高校思想政治工作过程中，要利用最新的信息吸引大学生的关注度和学习热情。此外，教育者在传递信息、传授知识的过程中，要尽量以艺术性的灵活的方式，要情理结合，让大学生乐于接受。

（三）能力的提升

高校思想政治工作者必须善于接受新思想、运用新思想、实施新思想，将新的思想渗透、培植到被教育者的头脑中，使之产生出符合社会和时代发展要求的精神力量和内在热情，并将这种热情和力量投入到自己的学习、工作和生活之中。

高校思想政治工作者需要关注以下几种能力：

1. 科学思维的能力

随着科学技术和科技理论的发展，人们的思维方式呈现出多样性特点。高校思想政治工作者在遵循唯物辩证法的思维方法的同时，还应当吸纳系统论方法、信息论方法、控制论方法，针对不同情况和不同对象，采取分析与综合、归纳与演绎、历史与逻辑、逆向与正向、纵向与横向、后退与超前、静态与动态、单一与多样等思维方法，分析高校思想政治工作所面临的新情况、新问题，提出解决问题的新方法、新途径。

2. 意志能力

高校思想政治工作改革并不是一句时髦的口号，也不是简单地进行内容或形式上的花样翻新，而是在保持旧有模式的优势的同时，在思想观念、思想内容、工作方法和途径上作大胆革新，是一种风险行为，需要创新者拿出极大的勇气。因此，高校思想政治工作者必须具备坚定的意志，敢于面对创新过程中的各种困难与挫折，勇于承担创新可能失败的风险。可以说，坚强意志是高校思想政治工作必备的心理素质。

3. 协作能力

高校思想政治工作新模式的构建，是一项庞大的系统工程，它不仅需要思想政治工作的主体之间的相互支持与配合，各个部门的齐抓共管，各学科知识的借鉴和运用，而且还需要教育者与被教育者的相互沟通和对创新活动的共同实践。所以，协作精神和协作能力对于成功创造高校思想政治工作的新模式显得十分重要。

（四）行为的改革

改革是一个改革性的实践行为，改革是否成功，必须有赖于实践的检验。如果人们仅有改革的意识、改革的能力和改革的方法,而不把这些新的思想、新的观念和新的方法诉诸实践,也就不可能创造出与现存事物不同的新东西。

改革不是一蹴而就的,而是要经过一个持续不断地对现状进行革新的过程。在这个过程中,创新者要密切注意实际情况的变化,及时更新自己的观念和方法,确保创新行为能取得实际效果。具体做法是:一是要进一步加强和改进马克思主义理论和思想品德教育课的教育教学工作,充分发挥"两课"在学生思想政治教育中的主渠道、主阵地作用。学校每年应划拨专项经费用于"两课"建设,加强教师队伍建设、教材建设,积极改进教学方法,增强教学的针对性、实效性,切实推进邓小平理论"三进"工作;二是加强政治理论学习工作,提高师生员工的思想政治素质;三是严格内部管理,寓教育于管理中,把制度约束与思想疏导有机地结合起来;四是注意倾听群众呼声,了解群众的想法和愿望,切实帮助他们解决实际问题;五是拓展思想政治教育的空间,采取"请进来,走出去"的方式,加强与社会、家庭的联系和沟通,形成思想政治教育的巨大"网络",通过组织学生广泛参加社会实践,了解国情、社情,服务社会,完善自我;六是大力开展创先争优活动,将评优工作同思想政治教育相结合。在评优工作中,加强对师生思想道德素质、思想作风的考察,严格把关,保证评优质量;七是开辟各种宣传教育阵地,如报纸、广播、电视、网络、宣传栏等,营造思想政治教育的浓厚社会氛围。八是开展丰富多彩的校园文化体育活动,寓教于乐。通过采取以上有效措施,做到思想政治工作的先进性与广泛性相结合、教育与管理相结合、解决思想问题与解决实际问题相结合,才能充分发挥思想政治工作的指导性、针对性和实效性。

(五)理念的改革

发展着自己的物质生产和物质交往的人们,在改变自己的这个现实的同时,也改变着自己的思维和思维的产物。当代中国经济社会建设的发展变迁,深刻改变着人们的利益结构、生活方式和思想形式,从而也影响着人们理解和开展思想政治工作的理念变迁,对反思、超越经济导向的思想政治工作理念提出了新的要求。

1. 理念改革的基本规定

(1)内涵规定

顾名思义,思想政治教育理念改革的内涵当然是思想政治教育理念本身,是要对当今时代和社会环境下,人们理解和开展思想政治工作的基本精神及理性观念进行深入分析,对蕴涵其中的变迁性因素和创新性内涵深入挖掘揭示出来,进而在理论抽象和实践验证的基础上,提出当今时代思想政治工作理念的创新形态。

在这里需要确立起两种思维视野,在理性观念体系构建和理念本质表征揭示中完成改革构建。

1) 体系性思维

体系性思维也称为系统性思维，是一种整体观、全局观，就是要把对象作为一个内部有机联系的系统，从系统和要素、要素和要素、系统和环境的相互联系、相互作用中，综合地考察认识对象的一种思维方法。具体到思想政治教育理念创新构建来说，注重体系性思维的要点在于：一方面，要立足思想政治工作理论与实践发展的整体状况，来探讨理念创新，而不是仅仅抓住某个领域思想政治理论实践工作（例如大学生思想政治教育工作领域）或思想政治工作理念体系中的部分构成，就以点代面地探讨党的整个思想政治工作理念创新。对于这个问题，可以从马克思对青年黑格尔的批判中获得一点启示。马克思说："青年黑格尔派没有一个人试图对黑格尔体系进行全面的批判，尽管他们每一个人都断言自己已经超出了黑格尔哲学。他们和黑格尔的论战以及他们相互之间的论战，只局限于他们当中的每一个人都抓住黑格尔体系的某一方面，用它来反对整个体系，也反对别人所抓住的那些方面。"每一时代的思想政治教育理念本身就构成一个理性观念体系，在其中蕴涵着那个时代人们理解和开展思想政治教育的现实指向、价值原则、思维方式和基本精神等丰富内容。因而，对这个理性观念体系的反观和突破，应当是整体观照和全程审视的，不能期望抓住理念体系的某个方面就能完成对特定时代思想政治教育理念的整体反思和系统创建。另一方面，要立足思想政治工作理论实践发展的时代风貌，探讨理念的创新构建。思想政治工作理念的形成发展不是一蹴而就、一朝一夕的，同样，它的作用发挥也是持久有效的。一般来说，在没有根本性社会结构、社会制度调整的剧烈震荡情况下，思想政治工作理念的形成发展是贯穿整个时代的。换言之，它的形成和它所发挥的作用，总是跟这个时代紧密联结在一起的，是经济社会发展的"历史同时代人"。因而探讨思想政治教育理念的创新构建，要立足整个时代的思想政治教育理论实践需要，对整个时代的思想政治工作风貌加以概观凝练，并对整个时代日后发展的思想政治工作形态加以勾勒和构想，确保思想政治工作理念创新能够扎根时代、引领时代。

2) 层序性思维

思想政治工作理念创新的层序性思维是对体系性思维要求的思维承接，思想政治教育理念创新构建是覆盖各领域、贯穿整个时代，包括现实指向、价值原则、思维方式和基本精神等理性观念内涵形态的系统创新，但是这种系统创新要有整体思维。人的生活是整体的，也是具体而现实的。人们对思想政治工作理念创新的探讨，确实需要始终参照整个体系和整个时代，但是人们总是置身于具体的思想政治工作实践环境之中，加之现实个人的知识构成、理论旨趣和思维能力差异，人们总是需要以贴近的、现实的某个领域、某个阶段、某个方面的思想政治工作理念作为理念反思和创新的抓手和突破口，这样也才有了真正开始和切中思想政治工作理念创新的现实具体条件。

(2) 前提规定

马克思曾经指出："一切作为前提和条件的东西，在过程结束时则必然会出现。"对此，恩格斯后来谈到："马克思研究任何事物时都考查它的历史起源和它的前提。但是，我们开始要谈的前提不是任意提出的，不是教条，而是一些只有在想象中才能撇开的现实前提。"这个"现实前提"是人们在"确定的前提和条件下创造"历史的依据和材料，这就好比，"每一个时代的哲学作为分工的一个特定的领域，都具有由它的先驱传给它而它便由此出发的特定的思想材料作为前提"。探讨思想政治教育理念创新构建，既是一个理论命题，也是一个实践命题，因为理念本身就是一个澄明于理论，又融合于实践的综合性命题，它给自觉理论引领实践的前提是对以往观念材料的扬弃和过去历史的承接超越。因而，探讨当今时代的思想政治工作理念创新，首先讲清楚人们是在怎样的理论和现实前提上展开研究是十分必要的，它是人们藉此理解和创新思想政治工作理念与时代形态的"理论思维的本能和无条件的前提"。

时代环境变化背景下，对经济导向思想政治工作理念及其理论实践体系的反思，正是创新构建思想政治工作理念时代形态的前提规定。经济导向思想政治工作理念切中了社会主义市场经济建设中思想政治工作的本质使命，围绕科学思维方式开启的思想政治教育科学化，引领思想政治工作在理论建设和实践发展上取得巨大的历史成就。尤其是随着1984年思想政治教育学科的设立，思想政治工作科学化步入正轨，并开启学科建设和专业建设，至今已是30多年，形成了较为完备的学科体系、专业体系、理论体系、研究队伍和实践体系，为创新思想政治工作理念准备了必要的理论积累和良好的思想环境。但是，思想政治工作环境变化要求人们重新审视经济导向的思想政治工作理念，反思这个在30多年改革开放大变局中发挥了重大作用的思想政治工作理念，在新的历史环境中是否需要做出调整和转换。

(3) 原则规定

提前探讨理念创新的原则规定，就是要明确在思想政治工作环境变化的大背景下，反思既有思想政治工作理念，构建新形态的思想政治工作理念所需要遵循的基本原则。这些原则规定着人们创新思想政治工作理念的基本立场、理论视角以及方法论要求。

1) 现实性原则

所谓现实性原则，是指创新思想政治工作理念要把实践作为立足点和落脚点，要来自实践、用于实践。这就要求，人们创新构建思想政治教育理念，"不是从观念出发来解释实践，而是从物质实践出发来解释观念的形成"，要立足思想政治教育环境变化状况和自身运行发展水平总结经验、认识规律、凝练观念、抽象理念，而不是"纯粹的抽象"。同时，人们尝试构建的思想政治工作理念还必须始终面向实践，把实践作为检验场和运动场，不能把自己视为"真正的现实的主体""精神产生的精神"，而要主动"力求成为现实"，掌握群众变为指导理论建设和实践发展的物质力量。

2）现代性原则

所谓现代性原则，是指创新思想政治工作理念要在现代化背景中进行，并着力推进思想政治工作理念创新、理论突破和实践发展的现代化。现代在这里不是时间概念，而是前沿概念，是指对思想政治工作理论实践发展前沿重大问题的关注。为此，创新思想政治工作理念必须要植根于传统社会向现代社会过渡这个基本现实，在现代化的视野中探讨前沿性的重大命题，实现自身突破和时代转换。

3）社会化原则

思想政治工作社会化是已成为共识的普遍趋势。创新思想政治工作理念坚持社会化原则，就是要主张在人与社会的有机互动与理解中开展思想政治工作，把思想政治工作理解为社会运行中的条件和机制问题，把思想政治工作理解为人与社会互动过程中双向的生成过程，强调思想政治工作从为政治统治服务向为社会建设服务方面的转换，从阶级教育、学校教育向人的教育和社会教育扩展，从课堂教学方法向社会实践方法拓展。

4）范式化原则

所谓范式化原则，就是要把思想政治工作理念创新在具体形态上努力凝结为一种研究范式与理解图式。由于思想政治工作理念研究的思想性、形上性、整体性、根本性和原则性，它的突破所引起的理论创新和实践创新往往集中体现为一种研究范式的兴起和深化。社会哲学研究范式和人学研究范式，是当前学界关于思想政治工作研究的两种基本范式。思想政治工作理念创新应当在对这两个基本范式的考察和反思的基础上，力争做出集成创新，将自己的研究成果和理念形态模式化，从而转化为人们理解和开展思想政治工作的话语方式、本质表征和思维遵循。

2. 理念创新的具体形态

黑格尔指出："在文化的开端，即当人们刚开始争取摆脱实质生活的直接性的时候，永远必须这样入手：获得关于普遍原理和观点的知识，争取第一步达到对事情的一般思想，同时根据理由以支持或反对它，按照它的规定性去理解它的具体和丰富性的内容，并能够对它作出有条理的陈述和严肃的判断。但是，文化教养的这个开端工作，马上就得让位给现实生活的严肃性，因为这种严肃性使人直接经验到事情自身；而如果另一方面，概念的严肃性再同时深入于事情的深处，那么这样的一种知识和判断，就会在日常谈话里保有它们应有的位置。"在此处引用黑格尔在《精神现象学》序言中的这段话，当然不是要赞许他唯心主义的绝对理念自我生成外化的见解，而是要藉此表达这样的想法：之所以用社会导向思想政治工作理念作为理念创新构建的具体形态，正是想在人与社会互动的理论视野中，获得关于思想政治工作实践发展的普遍性规律和理性精神认识，并在严肃的生活事实基础上对其作出"有条理的陈述和严肃的判断"。

（1）社会导向思想政治工作理念的提出

社会导向思想政治工作理念是这样一种新型的思想政治工作理念形态：首先，社会导向思想政治工作理念凝结着人们对当前思想政治工作环境变化的理论回应，对当前思想政治工作基本精神的总体理解。围绕着思想政治工作创新发展的道路方向选择问题，人们在理论研究和实践探索中各自表达自己的立场，从而出现了观点分歧。可将这些分歧中的不当主张概括为三种倾向：泛意识形态倾向认为当前的思想政治工作理论研究和实践探索对于人性讲得过多、政治性讲得过少，个人讲得过多、社会讲得过少，应当把思想政治教育的意识形态渗透到思想政治教育理论实践各层次各领域；去意识形态倾向则主张要从人的思想品德生成和自由全面发展这个基本点，来构建思想政治工作理论实践体系，思想政治工作应当突破意识形态的根本规定性，将其作为推动人们社会化的教育活动；全能主义倾向，认为思想政治工作无所不能，追求千篇一律的思想政治工作效果，主张思想政治工作创新发展要"四面出击""包治百病"。

在批判这些倾向的偏颇失当的同时，有必要看到这些主张都在不同侧面对思想政治教育创新发展的现实需要做着具有一定合理性的理论回应努力。这种现实需要概括起来讲：一是思想政治工作要坚守自己的意识形态本质，要把巩固社会主义意识形态的主导地位和巩固全国各族人民团结奋斗的共同思想道德基础作为根本任务；二是思想政治工作要始终把人作为自身理论创新和实践探索的中心位置，寻求人与意识形态、人与社会的互建和解，丰富思想政治工作内容与方法，扩展思想政治工作功能，赋予思想政治工作生动的面孔。显然这些需求和反思都是针对经济导向思想政治工作理念及其构筑的理论实践体系提出来的，尤其是对科学理性思维方式主导下思想政治工作科学化的反思审视。

其次，社会导向思想政治工作理念是对经济导向思想政治工作理念的承接与超越。经济导向思想政治工作理念，主张思想政治工作为经济建设服务的任务指向、社会优先的价值原则以及科学理性的思维方式，为我国全面推进改革开放和社会主义市场经济建设提供正确的思想引导和坚强的思想保障，其对于促进社会主义精神文明建设和思想政治工作学科发展、理论建设以及实践繁荣发挥着十分重要的作用。人们普遍意识到，片面强调思想政治工作为经济建设服务，容易造成思想政治工作目的、手段等方面的全面功利主义，过分强调社会优先的价值原则容易造成对个人价值实现和个性能力发挥的压抑或忽视，绝对的科学理性思维容易滋生思想政治工作的"唯科学"情结，企图把思想政治工作完全科学化，因而把人当作了科学的对象，导致思想政治工作重科学轻经验、重技术轻人文、重理论建构轻实践应用等诸多方面的问题。客观来说，科学理性的思维方式是改革开放以来思想政治工作取得跨域式发展的主导性思想模式，对于思想政治工作实现规范化、常态化、理论化以及专业化功不可没，但是，毕竟不能因为科学而抹杀人文，不能因为科学而贬低经验，更不能把科学主义作为思想政治工作创新发展的全部原则。因此，社会导向思想政治工作作为对现行思想政治工作理念的反思性创造，它自然需要继续和坚守科学理性的思维原则，秉持思想政治教育创新发展的科学精神，探寻理论建设和实践发展的科学规律，但是，需要对这种科学理性加以超越，即在人与社会的互建关系结构中，运用反思性理论思维对思想政治工作创新发展过程中的基本矛盾进行批判性构建，进而实现这种超越。

再次，社会导向思想政治工作理念是对思想政治工作创新发展理想形态的预设和追求。康德曾经说过："思维无感性则空，直观无概念则盲目"。理念作为对现实存在性的理性反映和对未来规定性的理性预设，它是指引人们的现实运动和未来活动的"统一原理"，对于人们的未来生活具有指导意义。恰如霍克海默所言："哲学认为，人的行动和目的绝非是盲目的必然性产物。无论科学概念还是生活方式，无论流行的思维方式还是流行的原则规范，我们都不应盲目接受，更不能不加批判地模仿。哲学反对盲目地保守传统和在生存的关键性问题上的退缩。"思想政治工作理念作为在哲学意义上对思想政治工作发展的基本问题的理性探讨，它所要回答和解决的根本问题是思想政治高职在当前"是什么"，以及在将来形态中又"应当是什么"，它的使命正是审视当下、批判传统、继承创新、指引未来。在此基础上，通过社会导向思想政治工作理念，人们避免自己行动和目的的盲目性，既能研判当前思想政治工作理论实践的现实形态，又预设出思想政治工作创新发展的理想形态，为该时代思想政治现实工作和未来发展提供思想根据、思维前提、价值范式和精神旨趣。

（2）社会导向思想政治教育理念的构建

"观念的东西，不外是移入人的头脑并在人的头脑中改造过的物质的东西而已，意识在任何时候都只能是被意识到的了存在"。思想政治工作理念是人们理性认识和深刻把握思想政治工作理论实践活动的观念意识，它随着思想政治工作理论实践活动的发展变化而变化。社会导向思想政治工作理念，则是对当前思想政治工作理论实践活动现实和未来形态以观念改造的形式呈现出来的理性抽象，由于这个理性观念的抽象性、形上性、运动性，使得对这个抽象思维活动的形态表征显得不是那么容易，它是真实存在于思想政治工作理论实践全过程中，但又不是那种表象性、实在性、静止性地存在。列宁在评述芝诺的"飞矢不动"问题曾经一针见血地指出："问题不在于有没有运动，而在于如何在概念的逻辑中表达它"。社会导向思想政治工作理念的内涵形态是切实存在的，并运动发展的，但是要将之准确表达出来则成了问题，这就必须借助概念的规律性力量了。在这里务必需要予以澄清的是：以下对社会导向思想政治工作理念的内涵阐释，只是一种接近式的内涵理解和精神体验，只是为人们在今后开展类似研究提供一个适合意义上的理念框架和探讨前提，因而不能将关于社会导向思想政治工作理念的内涵，理解视作思想政治工作理念创新发展形态的全部表征。毕竟，理念是对人们实践过程的理解，理念本身的理解也是一个过程，这两者既相互作用、又同在路上。

社会导向思想政治工作理念在现实指向上，在坚定不移地致力于为社会主义经济建设这个中心服务的同时，更强调把"发展"理解和贯彻为思想政治工作理论实践的本质使命：即促进经济社会科学发展和人的全面发展。发展才是硬道理，发展中的问题只有在发展中才能得到完全解决。党的十八大报告指出，以经济建设为中心是兴国之要，发展仍是解决我国所有问题的关键，在当代中国，坚持发展是硬道理的本质要求就是坚持科学发展。就是说，坚持经济为中心仍然是党今后相当长一段时期内的全部工作的重心，这就要求，思想政治工作要坚持以经济建设为中心，以科学发展为主题，坚持以人为本这个核心，实现经济建设、政治建设、文化建设、社会建设、生态文明建设五位一体总体布局的协调发展和个人的全面发展。当然，这是个宏伟任务，涉及到党的各方面工作，思想政治工作在推进这双重发展的伟大使命中，需要认领的自身任务源于它的"生命线"地位，在实现经济社会科学发展和人的全面发展过程中，思想政治工作是一项极其重要的工作。从而，思想政治工作在这个时代的根本任务是：巩固马克思主义在意识形态领域的主导地位，巩固全党全国人民团结奋斗的共同思想基础。只有牢牢确立马克思主义意识形态在意识形态领域的领导权、管理权和话语权，才能确保中国社会改革开放始终沿着中国特色社会主义道路前进，才能给全党全国人民树立科学指导思想，才能构筑起当代中国发展进步的理想信念和坚定信仰。同样，只有不断巩固全党全国人民团结奋斗的共同思想基础，当代中国经济社会建设才能获得科学共识、主导价值和强大精神支柱，才能真正促进经济社会科学发展和个人的全面发展与幸福生活。思想政治工作把两个巩固作为今后一段时间内的根本任务，就是要为推进中国特色社会建设和中国人民的全面发展，实现人民幸福生活，提供思想基础、价值基础、道德基础和精神力量。但是，这里并不是要把意识形态同人对立，不把人作为意识形态的客体，而是要在意识形态与人的互建关系结构中，把思想政治工作理解为培养意识形态的人和人的意识形态的综合实践活动，达成意识形态和人的关系统一与力量整合，积极调整创新自身理论实践体系，切实有效地促进经济社会科学发展和个人全面发展。同这个现实指向做出相应调整的是，人们理解和开展思想政治工作价值原则的变化。

在价值原则上，社会导向思想政治工作理念确立起国家、社会、个人和谐发展的核心价值追求。在社会主义中国，由于生产资料的公有制以及代表最大人民根本利益的无产阶级政党（中国共产党）掌握政权，国家一切权力属于人民，人们在社会主义发展上具有共同的核心利益，因而个人、社会和国家体现出同构互建的利益关系结构特征，三个维度上的根本利益不仅具有内在一致性，还是相互促进的和谐发展关系。国家社会个人和谐发展的价值追求是对民族国家至上、集体主义、社会优先价值原则的有效价值整合和集成价值创新，它们在根上是一脉相承的，只是因为不同时期党的中心任务布局重点差异，而存在主导性价值追求的时代差异。但是，并不意味着那些时代环境中思想政治工作因此就顾此失彼了，只能说由于特定时代主导性价值追求的原则规定，而使那些时代环境中的思想政治工作没有像今天这样全面关注国家、社会、个人之间的普遍性核心价值实现。在这个时代，社会主义核心价值观的提出和培育践行，为思想政治工作提供了实现国家、社会、个人价值和谐发展的理论视野及战略指导。具体来说，在国家价值实现层面，思想政治工作要追求富强、民主、文明、和谐的价值目标；在社会价值实现层面，思想政治工作要确立自由、平等、公正、法治的价值取向；在个人价值实现层面，思想政治工作要规范爱国、敬业、诚信、友善的价值准则。这三个价值层面是密切联系、相互促进的关系，它们在思想政治工作创新发展中的实现，不仅不需要思想政治工作厚此薄彼。相反，它们还共同构建了思想政治工作创新发展的统一性价值理念，进而更加充分地实现着思想政治工作的全面价值，使思想政治工作在促进经济、社会科学发展和个人全面发展双重使命中更加名副其实。

二、思想政治教育内容的改革

（一）思想政治教育内容概述

1. 我国当前思想政治教育内容的现状

思想政治教育的内容，必须针对受教育者的思想实际，经教育者选择设计，然后有目的的输送给受教育者。教育内容是思想政治教育的"血液"，是提高思想政治教育实效性的前提。当前思想政治教育内容确是取得了显著成效，但若以科学发展观的角度来看，当前的思想政治教育的内容，还是存在一些不尽人意的地方。比如，用政治教育代替了思想政治教育的全部内容，忽视了道德教育和公民意识教育。再如，以往的思想政治教育内容大多脱离现实，远离社会生活，空谈主义，忽略了社会发展水平和大学生的接受能力，使得思想政治教育流于形式，难以与实际社会状况相衔接。

2. 国外思想政治教育内容的特点

国外虽没有思想政治教育之名，但却有其实。如美国、法国称之为"公民教育"，英国、加拿大、德国称之为"政治教育"，西班牙则称之为"共处之道教育"，日本称为"道德教育"等，这些国家都做了大量的实质性思想政治教育工作。

以美国为例，美国思想政治教育的主要内容既秉承了西方资产阶级的核心意识形态，又突出了美国的思想政治教育的特点，二者互相渗透，使得美国思想政治教育的主要内容既与其他资本主义国家主流意识相统一，又具有鲜明的时代特点。其主要内容包括政治性十分鲜明和政治性较为淡化两大部分。政治性鲜明是指美国借助一切形式来表达自己的政治立场，他们认为"任何社会，必须紧密地围绕保持其制度完整这个中心，把思想方式灌输进每个成员"。因此，美国围绕自身的政治主体，通过选举、宣誓等手段，所传达的内容主要表现在以个人利益为核心的自由主义和美国政治制度优越性教育两个方面。

3. 国外教育内容对我国思想政治教育内容的启示

思想政治教育内容的改革，离不开对我国古代道德规范和国外德育内容的吸收借鉴。总而言之，思想政治教育内容的改革实质既是对我国思想政治教育内容悠久历史的继承和发展，又是对国外成功经验的辩证吸收。

借鉴国外的成功之处，有以下启示值得思考。

（1）思想政治教育内容的制定需要有对象针对性，即要从符合当前的实际出发

当前，思想政治教育的内容太过抽象和单一，远离人们的生活与学习。在这一点上，应借鉴美国的学校道德教育的内容。根据不同年级的学生，以不同的形式来进行公民教育。借

鉴这一点，我们可以从中小学开始传授一般的思想品德教育，而在大学则通过各种包含思想政治教育内容的活动，来无意识的提高学生的公民意识和思想政治素养。

（2）注重思想政治教育内容的全面性

全球化背景下，学校担负着培养全面发展的高素质人才的重任。因此，我们应当确立新的思想政治教育内容，改变过去单一强调"集体主义""奉献主义"，过分限制人的个体性发展的状况。我国思想政治教育内容的改革，应把社会需要与个人需要两者紧密结合起来，不仅使人符合社会要求、满足社会需要，还兼顾个人的需求、全面发展。

（3）将思想政治教育内容与其他学科结合

柯尔伯格明确指出："道德哲学和道德心理学乃是探讨道德教育的两个基本领域，道德心理学研究道德发展是什么的问题，道德哲学则考虑道德发展应该是什么的问题。要为道德教育提供一个合理的基础，就必须把心理学上的'是'（is）和哲学上的'应该'（ought to）这两种探讨结合起来。"以美国为例，在美国几乎每所大学都有专业的心理咨询中心，他们除了开展心理咨询和心理教育外，还利用形式多样的活动如交朋友小组、敏感性训练小组等来传递道德教育的内容。

（二）思想政治教育内容的改革

1. 注重协调发展，优化思想政治教育内容结构

在思想政治教育活动中，教育主体想要传递给教育对象的政治观念就是思想政治教育的内容。从形式上来讲，它是构成思想政治教育关系的最主要要素，同时也是联结教育者与被教育者的纽带。从实质上来讲，思想政治教育目标的载体又蕴含在思想政治教育内容中。我们必须要用发展的眼光来看待我们的思想政治观念，在现实的思想政治教育中，我们往往容易只注重了教育内容的稳定性，反而忽视了思想政治教育内容的可持续性发展和协调性发展，这就容易造成本末倒置。所以，我们必须要做到不断的改革，与时俱进，协调发展，不断的优化思想政治教育的内容，才能实现科学可持续的发展。

要实现思想政治教育内容的综合改革，我们必须要做到新旧内容间协调发展，在巩固旧思想政治教育内容的基础上，发展新的思想政治教育内容，不照搬照抄、原封不动的移植新条文，而是将具有中国特色社会主义理论以及核心价值等核心的思想内容有机的、合理的融入到新时代的思想政治教育内容中区，使之与原有的思想政治教育内容做到紧密地接轨，在内容上协调一致，做到提法一致，使新旧内容的衔接上面能够遵循教育教学规律的自然转化。

我们必须注重思想政治教学内容与其他学科之间的协调发展，相互衔接。我们必须清楚，思想教育，政治教育以及道德教育和心理教育之间是相互协调的，而不是彼此独立的。他们

都是思想政治教育的有机组成部分。他们之间的关系不是相互否定和相互矛盾的，而是相互支撑和相互印证的。近年来，新的思想观念以及教育理念层出不穷。随着科学技术和人文科学研究的飞速发展，思想政治教育的内容上面也应该跟随时代的发展，关注新思潮，将人类精神文化的优秀成果融入新的思想政治教育中去，尤其是人文社会科学的研究成果，做到与时俱进，实现综合改革。

此外，思想政治教育内容的结构层次需要明显并且需要相互协调。因为我们所关注的思想教育对象是不一样的，层次各异，思想观念也是各有差异，所以教育内容也需要有所区别，不能一概而论。例如，在对待社会大众和青少年儿童上，思想政治教育内容就应该区别对待，前者应该注重行为的引导和规范，而后者则需要我们侧重进行养成性教育。同样，对待党政干部和青年学生应该侧重于思想政治理论的教育。我们知道，教育对象在认知层次上的差异性决定了教育内容的层次性。而不同层次的教育内容还应该构成一个有机的整体，协调发展、层层递进。

我们的思想教育内容在时间上也必须存在协调性，即过去与未来在内在上必须要保持一致，不能出现相互否定的现象。有了新的情况和新的思潮出现，新的内容出现的时候，我们就应该对思想政治教育内容进行改革，而不是只有当当前的思想政治教育内容出了什么问题或者存在缺陷才需要进行改革。过去与未来的思想政治内容应该是继承和发展的关系，未来是对现在思想政治教育内容的发展和改革，现在内容又是对过去内容的合理发展和优化。所以，我们需要对未来社会发展趋势保持着清醒的认识和把握，在思想政治教育的内容上要对未来具有预见性和前瞻性，总而言之，思想教育的可持续性发展，是实现其科学发展的必由之路，是思想教育实践的理论诉求。

2. 实现家校教育一体化，确保内容结构的系统性

在实现思想政治教育的内容的系统性过程中，家庭、学校和社会共同规定着同一的对象，虽然三者在教育手段、内容以及策略上面存在着诸多的差异，而且在思想政治教育过程中的作用也是不一样的。思想政治教育是教育的一个子项目，就像苏霍姆林斯基所说的那样："取决于学校和家庭影响的一致性。如果没有这种一致性，那么学校的教学和教育的过程就会像纸做的房子一样倒塌下来"。而"所谓的一体化，即任何事物的发展都有赖于其内部诸要素以及其与外部环境里的诸多其他事物的相互合作和协同工作。一体化意味着事物间及其事物内部要素的联合、协调，由此才能形成一种有序的结构，从而发挥其应有的功能"。从中我们可以看出，思想政治教育内容的实施和改革，依赖家庭、学校和社会的相互协调，依赖于三者的相互合作和互动。三者首先需要在思想政治教育理念上保持一致，必须立足于独立的

行为人的个性全面发展之上，而并不仅仅是在教育行为上完全趋同那么简单。

离开三者中的任何一个环节，教育内容的整体性就会受到影响，同时，可持续性发展上也会受到影响。在培养人的实践活动中，三者都具有不可替代的优势。必须要秉承和谐发展的观念，合作教育必须在做到承认和尊重差异性的同时，不断的整合在发展中出现的矛盾，优化发展，实现教育内容的构建的整体性和系统性。

我们都知道，教育是一个充满着各种矛盾和冲突的领域，社会学的分析告诉我们，社会矛盾在频繁的向学校渗透着，学校无法摆脱其栖身的社会。当今教育的主要特征就是广泛而深刻的对立与迷茫。三者之间在某些方面存在着互不协调甚至相互抵触的局面，家庭教育必须要洞察思想教育在内容上的整体性和连续性。只有立足思想教育内容结构上的可持续发展，充分发挥三者的教育互补功能，从教育内容的时效性和有序性方面，才能实现思想教育内容在方向上的一致性和时空上的紧密衔接，才能收到信息互通和优势互补的效果。所以，实现家庭、学校和社会资源的有效整合，实现家校一体化，势在必行只有这样才能保证内容在结构上的优化和发展。才能保证实施的系统性。

3.重视内容的层次性，实现可持续发展

思想政治教育受众在年龄上，受教育层次上一级思想道德水平存在着每场明显的层次性，只有充分考虑教育受众的层次性，分门别类，定义出不同层次的教育内容，才能实现可持续的发展。比如针对年龄上的差别，我们应该分别考虑老年、中年、青年和少年；在受教育层次上，我们应该分别考虑知识渊博型、一般水平，文盲和半文盲；针对思想道德水平上，我们因该充分考虑到有先进的、一般水平的、较落后的已经比较差的几种。如果采取一刀切的方式，会严重影响教育的效果。在市场经济条件下，百花齐放，百家争鸣，多种思想理念共存。这就导致我国的思想道德教育领域的状况复杂性。我们应该从实际出发，针对不同层次的人，提出不同结构和层次的思想教育道德内容，制定相应的规范性要求。只有这样，才能使我们的思想政治教育在内容上符合实际，也才有利于工作效率的提高。

我们必须从现实角度出发，着眼于现实，将实践的现实性和要求的超越性有机结合，才能实现教育内容的完善。我们必须关注个人的发展，改变单纯强调政治性引导的局面。实现人的可持续发展的根本是实现人的全面发展。在弘扬科学实践精神的同时，我们也必须兼顾到人文精神的弘扬，以及具有终极关怀理念的人才的培养，要实现个体的可持续发展，要实现社会整体的可持续性发展，我们必须要培养具有科学的人生观，以及身心和谐发展的人。教育内容的可持续性发展是个人获得新生命力的根本需要，同时也是时代发展的要求。然而，现实却是，我们的政治教育内容过多的强调了政治性的引导，没有发展性和前瞻性，导致我

们的思想政治教育处于一种相对滞后的停滞不前的状态。

要实现思想政治教育内容的更新，我们就必须要做到以下几个方面，至少应该从以下几个方面去考虑。

（1）明确主导与引导之间的关系

首先要明确社会主义意识形态在思想政治教育内容中处于主导地位，但我们也要确保当今时代，各种非主流意识形态和文化思潮不能够处于被围堵和排斥的地位。换言之，我们要做到，取其精华、弃其糟粕，兼容并蓄，学习借鉴世界文化的优秀成果，注意引导和疏导，以唯物辩证的观念不断坚定理想信念，不断增强自身的免疫力。

（2）明确"高地"与"底线"的关系

我们要把培养具有健全人格，能够获得全面发展的人作为思想政治教育的根本任务。所以，如果要做好思想政治教育工作，我们必须要面向未来，面向世界，必须重视素质教育和任何教育的培养，使受教育者能够成为未来世界的真正建设者和接班人。应该把对公民的最基本要求定义为热爱祖国，热爱人民，讲诚实守信，讲道德守法，德智体美劳全面发展。同时，我们再坚持高标准的同时还要立足基本，要求精求细，从实际出发，只有这样，才能取得更好的效果。

（3）明确当前与长远的关系：我们要从满足人们的实际需求出发，立足客观环境，解决实际问题

把思想问题和实际问题结合起来一起解决，这也是思想政治教育的重要方法之一。但是，我们也必须要明确，基本要求与最高要求之间的差别。我们要把培养对社会有益的，德智体美劳全面发展的以及人格健全的人作为思想政治教育的最高目标。也就是要明确当前与长远的关系，立足当前，放眼未来。只有这样，才能有效的实现思想政治教育的可持续发展和整体性发展。

（三）思想政治教育改革的内容体系

思想政治教育为促进改革发展，提供了强大的精神动力和重要的政治保障。但面临新形势下的现实社会，思想政治教育也出现了诸多不适。其内容陈旧和单一的方式，造成了思想阵地的空虚。因而，我们不能停滞不前，在继承过去的优良传统的基础上，要根据现实社会的需要，在思想政治教育的道路上不断改革，不断发展。

1. 主体观的改革

思想政治教育的对象是实实在在的人，但是每个人的能力、气质、性格、兴趣以及个性都不同。因此，我们的教育结构和教育手段就应该因人而异，因材施教。

在思想政治教育过程中，教育者和受教育都是教育的主体。在以往的思想政治教育中，从教育者的角度出发，对受教育者的因素考虑的比较少，将教育者视为思想政治工作的主体，忽视受教育者在思想政治教育中的主体地位，把受教育者仅仅视为被动地接受教育的对象。这种片面的主体观严重挫伤和压抑了受教育者在思想政治教育中的主动性和积极性。

随着社会的发展，人们的主体意识增强，出现了唯受教育者的主体观，强调受教育者的自我教育和自我修养，忽视教育者的引导和教育作用，导致了思想政治教育的失败。

主体观的创新，要把教育者和受教育者同时作为思想政治教育的主体，是教育者和受教育者双向互动的过程，既是教育者施教的过程，也是受教育者学习的过程，教育者组织实施教育的主体性与受教育者能动的接收教育的主体性共同发挥作用，包括教育者主动地教育和培养受教育者的方法，也包括受教育者能动的接受教育的方法，双方只有相互协调、相互影响、积极配合，才能达到预期目标。

思想政治教育主体观的改革是要把教育者和受教育者同时作为思想政治教育的主体，防止片面的主体观，充分发挥教育者的主体作用，着力激发和引导受教育者的主体性，使之能够以主体的姿态参与教育活动，主动接受教育，并开展自我教育。

2. 世界观的创新

思想政治教育的主要内容是世界观的教育，如何树立正确的世界观关系到一个人的正确发展。世界观是人们认识宇宙、认识社会、认识自身的基本观点和方法。世界观有指导人们思想的作用，历史上很多政党都将世界观作为自己的武器，写进自己的章程，把世界观变成了一面政治旗帜。根据我国古代的易经文化："易有太极，是生两仪，两仪生四象，四象生八卦……"《易经》中认为，世界是从太极中变化出来的。改革开放至今，人们的世界观经历了很大的变化，这与信仰是密不可分的。我国是社会主义国家，坚持走马克思主义道路，对于马克思主义的信仰者来说，马克思主义理论体系和基本原理就是正确的世界观。但是，世界在发展，世界观就应该创新，以适应社会的发展。

邓小平指出："我们一定要经常教育我们的人民，尤其是我们的青年，要有理想。为什么我们过去能在非常困难的情况下奋斗出来，战胜千难万险使革命胜利呢？就是因为我们有理想，有马克思主义信念，有共产主义信念。一定要我们的人民，包括我们的孩子们知道，我们是坚持社会主义和共产主义的，我们采取的各方面的政策，都是为了发展社会主义，为了将来实现共产主义。"在正确的马克思主义唯物论、无神论和正确的科学理论体系中，要坚持不懈的进行理想信念教育，使人们树立正确的世界观。

党的十八大以来，习近平总书记在党员领导干部思想道德建设、社会主义核心价值观培育等一系列重要讲话中,创新了世界观的内容,增强了时代感和针对性。习近平总书记提出:"在世界观的创新过程中,要重视理想信念的力量,明确提出加强理想信念的教育,将共产主义的远大理想和中华民族伟大复兴的中国梦结合起来,凝聚人心,创新社会主义新型世界观。"

坚持马克思主义在理想信念教育,符合我国的国情,有利于推动社会的发展,我们要用马克思主义的立场、观点、方法去解决和分析问题,有助于人们的理想信念教育。

借鉴国外成功经验,加强理想信念教育。世界各国从不同的社会条件和各自国情出发,采取不同的教育方法。通过国际交流,借鉴国外成功经验,进行有计划、有目标的理想信念教育,对国外的理想信念教育进行分析,正确的看待外来文化,取其精华、弃其糟粕,藉此强化我国理想信念教育的创新。

利用网络,开辟理想信念教育阵地。在网络信息高度发达的今天,思想政治教育必须强化网络意识,利用好这个先进手段。具体来说,可以建立专业的思想政治教育网络体系,开发网页、网站,扩大网络宣传内容,提高网络宣传的艺术性,及时准确的做好理想信念教育工作。

世界观的创新要紧跟时代的脚步,与时俱进,中西结合,寻求我国特色的世界观,为我国的前进和发展奠定基础。同时,世界观的创新发展是思想政治教育的呼唤,也是国家崛起、民族振兴的现实需要。

3. 政治观的改革

实现政治观的改革,必须加强爱国主义教育,祖国的存在和发展是个人存在和发展的前提。作为公民,我们有权利和义务维护祖国的利益和荣誉,不能做危害祖国利益和荣誉的事情。在思想政治教育政治观的改革过程中,必须要做好爱国主义教育。

世界经济的快速发展,给我国的发展带来了机遇,也带来了挑战。世界各国、各民族正在逐渐融为一体,爱国理念受到了世界共同发展的冲击,我们要加大爱国主义教育的力度,弘扬民族精神,抵制负面影响。爱国主义是人们对祖国和民族的深厚情感,爱国主义是团结和凝聚人心的精神动力,弘扬和培养中华民族的精神,就要培养人们的爱国主义情感。爱国主义教育主要包括引导人们树立正确的主权观,保护并弘扬本民族的优秀文化的教育,引导人们正确处理本民族的文化和外来文化的关系。

爱国主义教育能够鼓舞一个民族自强不息,一个民族在发展的过程中必须要创新,不然,会被时代所淘汰。我国广大人民不断探索爱国主义教育的新道路,激发人们的爱国主义精神,以推动社会的发展。爱国主义是一个永恒的主题,所以,爱国主义教育是一项长期的工作。

2012年11月29日，习近平总书记在国家博物馆参观《复兴之路》展览时，第一次明确提出了"中国梦"。习近平总书记指出："我以为，实现中华民族伟大复兴，就是中华民族近代以来最伟大的梦想。"习近平总书记首次把"中国梦"融入了思想政治教育，增强人们对党和国家的政治认同，实现了政治观的创新。"中国梦意味着中国人民和中华民族的价值体认和价值追求，意味着全面建成小康社会、实现中华民族伟大复兴，意味着每个人都能在为中国梦的奋斗中实现自己的梦想，意味着中华民族团结奋斗的最大公约数，意味着中华民族为人类和平与发展作出更大贡献的真诚意愿。""中国梦"教育是通过社会主义理论教育、中国近代史教育、党课教育和形势与政策教育，用鲜活的历史案例呈现了党的伟大功绩。不断深化中国共产党核心领导作用的政治认识，中华民族伟大复兴的"中国梦"的政治认识，增强人们对党和国家的政治认同，丰富政治观的改革内容。

4. 人生观的创新

人生观的创新主要包括幸福观、生命观以及社会主义核心价值观。

（1）幸福观

幸福观教育是使人成为幸福的人的教育。理想的教育是：培养真正的人。我们的目标是给每一个人以幸福，幸福观的教育是由于当代社会幸福感的降低和幸福教育的缺失。前苏联著名教育理论家马卡连柯这样说过："我确信：我们的教育目的并不是仅仅在于培养能够最有效地来参加国家建设的那种具有创造性的公民，我们还要把我们所教育的人变成幸福的人。为了使自己幸福，就必须为自己的幸福所需要的别人的幸福而工作。"

要遵循信仰生成规律，需要马克思主义幸福观的指引。目标是培养德、智、体全面发展的有理想、有道德、有文化、有纪律的社会主义合格建立者和接班人。

幸福作为一种理想的生存状态和存在方式，一直以来是人们矢志追求的终极价值目标。费尔巴哈指出："生活和幸福原来就是一个东西。一切的追求，至少一切健全的追求都是对于幸福的追求。"幸福的人生离不开美满丰盈的积极情感。只有坚持马克思主义幸福观才能使受教育者沿着正确的幸福目标前进，才能使人们的人生观有蓬勃向上的生机。

（2）生命观

我国的教育是应试教育模式，教育内容主要围绕升学来展开，基本上忽视了对生命观的教育，由此导致学生生命观的缺失，无法正确认识生命存在的价值和意义。思想政治教育中生命观的培养，要转变人的思想观念，以人为本，把人确定为社会的中心，重视人的生命存在、发展的价值和意义。存在价值是人的一切活动的基础，存在价值的深化是生命最本质的内涵和需要，人只有在存在才能实现价值。

思想政治理论教育是培养人们生命观的重要途径。结合国外生命观理论教育和实践教育的经验，以人为中心，把人的发展放在第一位，开设生命观教育课程，接受生命观教育。英国哲学家培根说过："人不能延长生命的长度，但却可以拓展生命的宽度"。把自己的生命通过实践融入社会发展的进程中，实现自己的价值，展现生命的精彩，实现人类不朽的梦想。

（3）社会主义核心价值观

习近平总书记指出："核心价值观，其实就是一种德，既是个人的德，也是一种大德，就是国家的德、社会的德。国无德不兴，人无德不立。"党的十八大提出：倡导富强、民主、文明、和谐，倡导自由、平等、公正、法治，倡导爱国、敬业、诚信、友善，积极培育和践行社会主义核心价值观。培育和践行社会主义核心价值观要从小抓起、从学校抓起。习近平提出青少年培育社会主义核心价值观的十六字要求："记住要求，心有榜样，从小做起，接受帮助。"建设师德高尚、业务精湛的高素质教师队伍，完善教师职业道德规范，做学生健康成长的指导者和引路人。

培育和弘扬社会主义核心价值观，是培养人生观创新的重要方面。全面深化改革，完善和发展中国特色社会主义制度，必须解决好价值体系问题。全社会大力培育和弘扬社会主义核心价值观，是引导人们坚定不移地走中国道路。一个民族的发展，很大程度上取决于核心价值观的引领。核心价值观是构建一个国家社会和谐稳定的稳定器，关系国家长治久安。

5. 道德观的创新

道德是一种伦理规范，其具有自发性和约束性，这是人的内在道德的直接体现，是建立在一定价值观之上的行为规范，要约束人们的不合理行为，使人们的行为具有规范性，能够推动思想道德的发展，以利于人类社会的前进，有利于提高社会的文明程度。实际上，道德的崇高和价值就在于它是共同利益的维护者。思想政治教育作为培养人思想品德的活动，其主要看人的思想道德素质的发展。美国学者约翰·埃利亚斯（John L Elias）说："道德教育是一个需要多学科共同研究的领域，仅仅通过一门学科来探讨这一领域是有限的，也是危险的。"

人的思想道德素质和人的科学文化素质是有机联系、相互渗透的。思想道德素质是提高科学文化素质的基础和保证。我们必须克服片面的唯思想道德素质的发展，确立思想道德素质和科学文化素质全面发展，提高人们的思想道德素质和现代科学技术，促进人的全面发展。

全面建设社会主义伟大事业需要对人们进行思想道德教育，这有利于社会的良好风气的形成，对思想政治教育改革具有重要意义。目前，世界各国都非常重视道德观的问题，道德观的培养是思想政治教育理论改革的重要部分。道德观的改革可以从以下几点出发。

（1）社会公德教育

道德的进步是在道德冲突中理性选择的结果，社会公德教育要培养人们遵纪守法、文明礼貌、助人为乐的精神，这是人类社会精神文明建设所传承下来的美德。

（2）职业道德教育

职业道德教育要培养人们在工作中爱岗敬业，服务群众。不同的职业有不同的职业道教师要有"师德"，医生要有"医德"，官员要有"官德"。社会运行的状态不同，职业道德的需求和着眼点就不同。每个人都有遵守自己行业的职业道德，尤其是国家的公务人员，这关系到党的形象，影响社会的风气，我们要加强其职业道德教育。

（3）家庭美德教育

家庭美德教育包括尊老爱幼、团结邻里、夫妻和睦等美德，家庭的和睦有助于社会的稳定，加强家庭美德教育是建立和谐社会的重要保证。

（4）生态道德教育

我国生态环境问题一直不容乐观，例如，为了一己之私对森林和矿藏等自然资源进行掠夺式的开采；为了一己之私向河流和大气中排放污染物等行为，肆无忌惮的破坏生态环境。在道德观的改革中，应该加强生态道德教育，把生态道德教育和可持续发展结合起来，这不仅仅是解决创新，更重要的是教育人们热爱自然，人们对社会和自然的依赖性需要加强生态道德教育，这是时代赋予思想政治教育的重任。

（5）网络道德教育

网络在社会中的广泛应用已经悄悄地改变了思想政治教育的环境，形成了一种全新的社会形态——网络社会。网络社会中的信息传播迅速，给当今社会带来了很多帮助，开阔了人们的视野，丰富了人们的生活。但是，网络也存在着一定的危害，如信息欺诈、暴力游戏等，使很多人沉溺其中，不能自拔。因此，我们必须以坚定的态度，全新的理念，大力传播社会主义精神文明和积极向上的网络文化，加强网络道德教育。

6. 法制观的创新

法制观就是人们对法制的观点和态度，法制观的实质是指法律至上、以法治国的理念、意识与精神。我国是社会主义法制国家，人民群众是社会的主人，国家和社会的利益实际上就是人民群众的利益。我们党坚持走以人为本、依法治国的路线，从根本上消除了社会和个人的对立，使社会和个人统一起来。社会的发展是个人发展的前提和基础，个人必须自觉的维护和服从社会和国家的利益。同时，个人的全面发展是社会进步的必要条件。每个人的自由发展是一切人的自由发展的条件。这就要求国家和社会应当尊重和兼顾个人发展的内在要求,保障个人的正当利益,要做到:有法可依、有法必依、执法必严、违法必究,为经济社会的发展服务。

以习近平总书记为核心的党中央,从坚持和发展中国特色社会主义的全局考虑,提出并形成了全面建成小康社会、全面深化改革、全面依法治国、全面从严治党的战略布局。习近平在论述"四个全面"时指出:全面建成小康社会是我们的战略目标,全面深化改革,全面依法治国,全面从严治党是三大战略举措。要把全面依法治国放在"四个全面"的战略布局中来把握,深刻认识全面依法治国同其他三个"全面"的关系,努力做到"四个全面"相辅相成、相互促进、相得益彰。既以大手笔描绘了发展全局,也在细节上筑牢了执政根基,更在社会期待中赢得了民心。

7. 创造观的创新

传统思想政治教育的任务仅仅是向学生灌输政治、思想和道德规范等内容,不注重培养人的能力和个性,教育任务单一、片面。在这种教育环境下,学生缺乏个性和创造力,往往无法适应社会的前进和发展,尤其是在当今社会快速发展的时代,经济、文化和信息全球共享,这就更需要我们培养、灌输科学理论和发展人的改革观念,培养人的创造观。列宁指出:"只有了解人类创造的一切财富以丰富自己的头脑,才能成为共产主义者。"

当今世界科学技术已成为发展生产力的首要因素,所以提高人们的创新素质尤为关键。邓小平同志指出:"专并不等于红,但是红一定要专。不管你管哪一行,你不专,你不懂,你去瞎指挥,损害了人民的利益,耽误了生产建设的发展,就谈不上是红。"

事实上,科学理论、社会规范的灌输与能力和个性的培养是有机统一的。社会环境纷繁复杂,各种思想接踵而至,这就需要我们有明辨是非的能力,能做出正确的判断,始终坚持正确的政治方向,同时,具有创造的观念。人是共性和个性的统一,人的发展包括思想品德的发展,既是社会化的过程,也是个性化的发展。没有社会就没有个人,没有大家就没有小家,没有社会化就没有个性化,因此,我们要确立灌输思想教育和发展个性有机统一的新创造观。

8. 心理健康教育的改革

心理健康教育的改革是培养跨世纪高质量人才的重要环节,要充分发挥学校的作用,增进学生的心理健康和优化学生的心理素质,为学生心理健康教育创造良好的环境。一个学校的校风是影响学生心理发展的重要条件,要尽量发扬优秀的校风,促进学生心理健康的发展。

开展心理健康调查,及时了解掌握学生的心理状态,有针对性地提出教育措施与方案,使学生在初期就能得到具体的心理健康指导。心理健康教育应该渗透在教学之中,并开设心理教育必修课,增强自我教育能力。

三、思想政治工作改革的理论成果

（一）革命导师对思想政治工作的改革成果

1. 马克思与恩格斯奠定了思想政治工作学说的理论基础

党的思想政治工作是伴随着共产党的产生而产生的。不过，最初它不叫思想政治工作，而叫宣传工作或思想宣传工作。马克思和恩格斯最早在《共产主义者同盟章程》中提出了这个概念。这是共产党的第一个党章，其中第二条规定：参加党的每个成员，都要"具有革命毅力并努力进行宣传工作"，党的宣传工作即党的思想政治工作。马克思和恩格斯不仅提出了党的宣传工作这一概念，而且规定了共产党人从事宣传工作的任务、内容、形式和组织保障。马克思和恩格斯在宣传工作的基础理论方面作出了诸多贡献，主要有以下五点。

（1）创立了辩证唯物主义和历史唯物主义的科学世界观

恩格斯曾说："我们党有个很大的优点，就是有一个新的科学的世界观作为理论的基础。"这个科学世界观的创立，为党的思想政治工作奠定了理论基础。

（2）对人的思想和行为活动规律进行了理论概括

恩格斯运用辩证唯物主义研究了人们思想和行为的活动规律，认为人们行动的一切动力，都一定要通过他的头脑，一定要转化为他的愿望的动机，才能使他行动起来。同时还认为，人们的行动和社会实践，对人们的思想和心理也有影响。这一概括，为建立思想政治工作学说提供了科学的依据。

（3）创立了马克思主义的需要理论

马克思早在1844年就研究人的需要问题，他认为人的需要大体有四个方面：一是物质需要；二是文化生活和精神生活的需要；三是社会交往的需要；四是体力劳动和脑力劳动的需要，其中物质需要是人的根本需要。马克思关于人的需要理论，为我们研究人的思想和行为活动规律提供了科学的理论依据。

（4）阐述了人的思想与物质利益相统一的原理

马克思强调："人们奋斗所争取的一切，都同他们的利益有关。"当然人们的思想对利益的选择和处理有制约作用，这为我们确立思想教育与物质利益相结合的原则提供了理论依据。

2. 列宁对思想政治工作学说的重大贡献

列宁在《怎么办？》一书中明确提出了"政治教育工作"这一概念，强调党要"积极从事在政治上教育工人阶级的工作，从事发展工人阶级的政治觉悟的工作。"他认为政治教育工作包括政治宣传工作、政治鼓动工作和政治揭露工作。党执政后，列宁非常重视党的政治教育工作，他在俄共八大又明确提出"政治工作"这一概念。列宁为建立党的政治工作作出了重大贡献，主要表现在以下五点。

第一，论述了坚持马克思主义理论的重要性，强调"只有以先进理论为指南的党，才能实现先进战士的作用"。认为"没有革命理论，就不会有坚强的社会主义政党。"这些论述为党的思想政治理论建设提供了科学的依据。

第二，创立了马克思主义的"灌输论"，强调党必须把科学社会主义思想和政治意识灌输到工人群众中去。这为思想政治工作的方针和原则提供了理论依据。

第三，提出了政治教育者的基本任务和政治教育的目的，强调要加强对封建专制制度和资产阶级制度的揭露工作。

第四，论述了政治与经济相互统一的辩证关系，强调政治归根到底是为经济服务的。这为我们正确认识思想政治工作的地位作用提供了科学的依据。

第五，创立了党、政、军的政治教育工作管理机构，形成了一套严密的政治教育工作和鼓动工作管理体系。

从以上五个方面可以看出，列宁在理论和实践上都对党的政治工作作出了杰出的贡献，这标志着马列主义关于思想政治工作的学说已经初步形成。

3. 毛泽东对思想政治工作的丰富和发展

中国共产党是以马克思列宁主义为理论基础，以列宁创立的布尔什维克党为榜样建立起来的无产阶级政党。我们党结合中国的实践，创造性地运用马克思主义，关于宣传工作和政治工作的基本原理，作出了一系列加强思想政治工作的决定，建立了党的宣传工作。在1951年召开的第一次全国宣传工作会议上，我们党明确提出了"思想政治工作"这一科学概念。毛泽东在《关于正确处理人民内部矛盾的问题》中，充分肯定和阐述了这一概念。十一届三中全会后，我们党基本采用了"思想政治工作"这个概念，认为它是思想政治工作的理论和实践相统一的科学概念。

4. 邓小平对新时期加强思想政治工作的探索

在党的工作重心转移到经济建设之后，邓小平结合改革开放和社会主义现代化建设的新的实践，对思想政治工作的地位、作用、内容、原则等进行了多方面的探索，为新时期思想政治工作的有效开展确立了科学的理论依据。主要贡献主要有以下几点。

第一，肯定了思想政治工作在加强改善党的领导和培育四有新人中的地位和作用。

第二，阐明了新时期思想政治工作的内容，除马克思主义理论教育外，还必须始终抓住什么是社会主义、怎样建设社会主义这一基本理论问题，同时必须注重社会主义初级阶段的基本路线教育。

第三，阐明思想政治工作的基本原则，主要有理论联系实际、实事求是、必须围绕工作中心等。

（二）中国共产党在思想政治工作改革方面的成功经验

我党的思想政治工作是一个从无到有、从形成、发展、成熟到成为独立的学科体系的改革过程。在这近90多年的波澜壮阔的革命与建设过程中，我党领导广大人民群众开展了卓有成效的思想政治工作，积累了丰富的经验。

在民主革命中，思想政治工作坚持用马克思主义武装群众，帮助群众认识自己的利益，并且团结起来为自己的利益而奋斗，为争取革命战争胜利发挥了重要作用，积累了丰富的经验。

建国以来，党的思想政治工作面对新环境、新矛盾，在继承优良传统的基础上不断开拓创新，积累了丰富的经验。认真总结建国以来党的思想政治工作的基本经验对新时期思想政治工作的改革无疑具有十分重要的意义。

我国思想政治工作改革经验的内容十分丰富，诸如坚持把马克思主义的普遍原理与中国的具体实际相结合进行理论改革，创造性地发展革命导师关于思想政治工作的理论与实践；提出思想政治工作是经济工作和其他一切工作的生命线，掌握思想政治工作是围绕全党进行伟大政治斗争的中心环节，这是对思想政治工作地位和作用的精辟概括；提出思想政治工作必须紧紧围绕党的中心任务进行思想政治工作。革命战争年代思想政治工作紧密围绕无产阶级革命、夺权这一主题，成为新民主主义革命胜利的重要因素和有力保障。建国初期，思想政治工作紧紧围绕党的中心任务，大力宣传党的路线、方针、政策使之深入人心。改革开放后，我们更要坚持这一传统，使党的思想政治工作进入发展的新阶段；提出着重从思想上建党的原理，这是对党的建设理论的重要发展，也是思想政治工作规律在党的建设上的具体应用；提出思想政治工作要为实现党的总任务进行服务的方针；提出思想政治工作必须与物质利益相结合，并同经济工作一道去做的基本原则。

所有这些宝贵的经验都是对思想政治工作实践的科学总结，对各个时期的思想政治工作具有普遍的指导意义，是新时期思想政治工作进行改革的重要基础。今天，我们必须坚持继承与发展相统一的原则，结合新的历史条件，使这些宝贵的财富散发出更加璀璨的光芒。

四、现阶段我国思想政治工作改革的必然性

（一）传统思想政治工作自身存在不足

1. 传统思想政治工作的指导思想已跟不上时代的发展要求

时代主题或者时代特征是对一个时期宏观国际形势和世界发展趋势的最高战略判断，它是不以人的意志为转移的客观存在，是观察和处理各种问题的基本立足点和着眼点。时代是一个不断发展的动态过程，不同时代主题下人们对一定时代的认识以及基于这一时代所提出的思想理论也是发展的，因而不同时代下思想政治工作的指导思想也是不同。

传统的思想政治工作面对的时代主题是战争与革命，它的指导思想就是要以阶级斗争为纲，强化政治斗争，为夺取政权、巩固政权服务。这一时期工作的指导思想是单向度的以权利为核心，它必须围绕战争和革命来展开，动员、组织群众进行英勇不屈的斗争，取得革命的胜利。在革命战争时期这一思想确实发挥着重要的作用，它对于指导人民群众夺取政权、建立和巩固无产阶级专政起到了发挥强大的动力和保障的作用。我们党传统的思想政治工作在血与火的斗争中不断发展、不断成熟成为完整的独立的理论体系。建国以后，我们在思想政治工作领域仍然沿袭这一理念。建国初期，由于巩固新生的无产阶级政权是当时的主要矛盾，所以它对政权的巩固仍然起到一定的积极作用。但是随着时代主题的转变和社会主要矛盾的转移，过去许多成功的经验和做法在今天已经显得陈旧。

现代的思想政治工作面对的时代主题是和平与发展。思想政治工作要服从社会发展，适应社会政治、经济、文化的发展，服从党的中心工作。因而，现阶段思想政治工作的指导思想是服从服务于经济建设这个中心，在坚持四项基本原则的基础上，坚定不移地推进改革开放和社会主义现代化建设，为开创中国特色社会主义事业新局面服务。

2. 传统思想政治工作主体在现阶段暴露出明显的局限性

思想政治工作是全党全社会的事情，只有全党全社会共同努力才能做好。然而，我国传统的思想政治工作主体范围自我划线，把思想政治工作人为地划定在某种圈子内，似乎思想政治工作成了某些特定部门和人员的"领地"或"专利"，不属于其他部门和人员可以涉及的地方。只局限在少数部门，靠少数人去做，结果导致思想政治工作陷入孤军奋战、软弱无力的状态。

随着我国工作重心的转移，政工主体素质有了质的飞跃，但令人不安的是，当前仍有一部分承担着无产阶级文化使命的政工者自身素质堪忧，主要表现在：

（1）传统骨干与新生力量脱节

过去我们十分重视思想政治工作队伍建设。队伍建设是优中选优，积聚了一大批觉悟高、素质好的骨干。但是由于在一段时期内放松了思想政治工作，特别是在一些企业和农村，思想政治工作得不到应有的重视，不能经常补充新鲜血液，使得队伍结构不合理。传统的一批骨干分子面临老化的问题，而年轻一代接不上班，两极分化现象严重。

（2）理性知识与实践活动脱节

表现为言行不一，说一套，做一套，"高智低能""高能低智"现象较为普遍。如何实现理论与实践的良性互动，也是面临的一大难题。

（3）时代要求与个体素质脱节

我们所处的时代是知识剧增、信息爆炸的时代。但是许多思想政治工作者往往是"学校里一次性充电、工作中一辈子放电"平时的培训教育也容易受到学习时间、接受能力和理解水平的限制，知识得不到及时更新，素质得不到及时提高，跟不上时代发展的要求满足不了人民群众的需要。政工主体自身的素质的高低直接关系到政治工作的运作方式及其成效，关系到国家的性质，意义之重大，忽视不得。

3. 传统思想政治工作内容面对改革开放的社会环境已趋于封闭

在进行思想政治工作中社会环境的作用是不容忽视的，社会环境不同，思想政治工作的内容也会呈现出极大的差异。改革开放以来，我国思想政治工作所处的环境已经发生了很大的变化。所有这些客观条件的改变，都深刻地影响着思想政治工作，在新的历史条件下应该赋予思想政治工作新的时代内容。

我国传统的思想政治工作在革命与战争的烈火中产生，在长期高度集中统一的计划经济体制下发展，在极度封闭的环境中成长。这种体制下的思想政治教育实行几十年一贯制，教育周期长，信息量少，基本上是一种按部就班的循环教育，内容过于狭窄。它的突出内容是共产主义理想教育、伦理教育。它培养和塑造的是听话、克制、无私的形象，而体现人的创造性和创造能力的特征一般不予重视。毫无疑问，思想政治工作作为政治社会化的重要手段，其首要功能在于通过政治教化，向教育对象灌输一定社会的主流意识形态、政治文化、法制观念、道德观念等，目的是为了培养和建立一定政治体系的支持者和运行载体，为该社会或者政治体系的稳定和发展提供坚强有力的保证。在这一点上，所有的社会制度和政治体系都如此，毫无例外。但是届三中全会后，随着我国工作中心的转移和国际国内环境的深刻变化，思想政治工作如果仅仅局限在政治教化这一方面，却恰恰淡化了思想政治工作的作用，扭曲了思想政治工作的形象。

新时期思想政治工作面临的新的国际国内环境强烈要求思想政治内容的改革。从国际环境看，经济全球化的进程正在加快，知识经济正以不可阻挡的趋势向我们走来，信息一体化成为不可抗拒的历史潮流。从国内环境看，中国实行社会主义市场经济体制，改变了过去封闭半封闭的环境，在充分吸收了西方和苏联建设的成功经验的基础上推行社会主义改革，推行全方位的开放，主动与世界接轨，以全新的姿态融入世界。

所有这些客观条件的改变，都正在或已经改变着思想政治工作的内容。社会环境的新变化、社会领域的新拓展为思想政治工作开辟出了新的空间。新时期的思想政治工作应该被赋予新的政治、经济、文化内容，重建与之相适应的、相匹配的思想政治工作体系，才能增强思想政治工作的有效性，提高思想政治工作的感召力和渗透力。

4. 传统思想政治工作载体面对高新技术的迅速发展已趋于落后

载体原本是一个化学概念，指为实现催化或其他化学反应而加入一定的中间物，这加入的中间物就称为载体。所谓思想政治工作载体是指在思想政治工作中承载和传递思想政治工作信息，能为思想政治工作主体所操作并与思想政治工作客体发生联系的一种物质存在方式和外在的表现形态。

在传统的思想政治工作中，用的比较多的载体如学习、开会、办学习班、搞政治运动、群众运动等。这种载体形式是与当时相对封闭落后的科学技术、以"阶级斗争为纲"的政治路线、高度集中统一的计划经济体制相匹配的。随着现代科学技术的迅速发展和国内外情况的深刻变化，原来行之有效的载体形式显得不够用，或完全不适用了。对传统的思想政治载体而言，它形式的单一性，只能导致资源开发的不够，已经远远落后于高度信息化社会的要求。例如，对国有企业的职工和在校学生仅仅运用传统的载体进行教育，其局限性就很明显；至于对个体下岗职工、流动农民则很难适用。因此，不断改革载体是思想政治工作发展的必然选择。

现代信息技术尤其是国际网络，作为一种新的传播媒体，由只能处理数字，发展到能处理声音与图像，形成了集计算机技术、声像技术和通讯技术为一体，融文字、图像、音响于一炉的交互式网络。这是一种全新的思想政治工作载体：以其内容的多边性、交互性、开放性，打破了传统信息的垄断与控制，极易导致过去"你说我听"的思想政治工作方式失去效力。思想政治工作如果忽视或者不及时反映这种深刻的变革，那就必将被时代所淘汰。美国未来学家托夫勒说："谁掌握了信息、控制了网络，谁就拥有整个世界。"

作为信息时代的思想政治工作者和研究者，要密切关注、考察、跟踪、研究现代信息技术给思想政治工作的载体带来的新情况、新问题、新挑战。大胆整合和扬弃传统思想政治工作的理论和范式,勇于创建思想政治工作的新理念、新范式,努力开辟思想政治工作的新领域、新境界。

5. 传统思想政治工作运行机制已不适应新时期思想政治工作要求

"机制"一词最早来自希腊文。原意是指机器的构造和工作原理,是指机器运转过程中的零部件之间的相互联系、相互制约及其运转方式。现阶段,机制一词已被广泛应用于自然科学和人文社会科学研究的各个学术领域。"机制"这个术语,在一般意义上是指复杂系统结构各个组成部分相互联系、相互制约、相互作用的连接方式,以及通过它们之间的有序作用而完成整体目标、实现其整体功能的运行方式。思想政治工作运行机制就是指基于思想政治工作内部各要素之间相互联系、相互作用的连接方式而建构起来的工作体制、管理规范和工作方式等。具体地说,它是思想政治工作部门及其人员,在一定决策机构指挥下,在一定体制条件保障下,共同协调,实现思想政治工作整体目标和功能的工作程序与工作方式。

在革命战争年代和计划经济体制下,思想政治工作强调统一性与权威性,其运行状况多以传授、服从、执行为特征。这就必然造成思想政治工作对权利的高度依附,本应该对人民群众负责的思想政治工作,反而转化为对上级行政部门负责。本应该作为思想政治工作主体的人民群众反而成为思想政治工作的手段,只要能动员群众完成上级布置的任务,就算是合格的行政部门了。只重视思想政治工作的规范和导向作用,忽视其塑造、激发的作用,结果导致思想政治工作功能的削弱。

在领导方法上采取居高临下的姿态,领导怎么说,人就必须怎么做,极大地压抑了人的个性和自由的发展。从受教育者而言,他可能盲目地接受或强迫接受一种政治信仰、信念或世界观,从而无法达到其内化的效果。从教育主体而言,只从教育者自身条件和爱好出发,而不考虑受教育者的兴趣、爱好、思维水平和接受能力,难免会出现照搬照抄,甚至教条主义、形式主义的倾向。

传统思想政治工作单一的运行机制和运行模式只能导致思想政治工作过程中轻结果而重过程,重形式而轻内容,流于形式。这种机制对市场经济体制没有能充分理解,对出现的新的事物新的矛盾不能正确把握,特别是对自己的工作对象不能做出深刻的洞察,普遍存在跟形式、走过场的局面。在改革开放和市场经济的条件下,市场经济的平等、开放、务实要求建立新的工作机制。但传统的工作机制不能从现实出发,缺乏现实的导向机制、服务机制、激励机制和评估机制,抓不住工作对象多变的特点,建立良性的运行机制,仍处于一种自我循环,自我服务的封闭系统状态。

（二）复杂多变的国内外环境对现阶段思想政治工作提出了改革要求

1. 国际环境的新变化对思想政治工作提出了改革要求

（1）政治方面

世界多极化所带来的各种力量的较量对思想政治工作的需求更加迫切。因为多极化的较量是建立在国力对比的基础上的，是以国内的稳定和发展为前提的。所以，它要求一个国家人心凝聚、政权稳固、社会安定等，这些都需要通过思想政治工作去实现。国际共产主义运动处于低潮，一些人对社会发展的客观规律感到迷惘，对社会主义必然胜利的信念产生动摇。

与此同时，美国作为世界上唯一的超级大国加紧推行其全球战略，鼓动经济私有化、政治多元化。

（2）经济方面

以美国为首的发达资本主义国家凭借其雄厚的资本在全球推行霸权主义，力图建立起以西方为主导的世界经济新秩序，而发展中国家在国际分工中处于劣势地位。在过去10年中，世界上100多个第三世界国家人均收入减少，60多个国家人均消费以每年1个百分点的速度递减。2010，占世界人口约27%的24个发达国家拥有世界生产总值的81%，而占人口83%的发展中国家仅占世界生产总值的19%。西方国家的严峻的经济挑战和经济全球化的不可逆转，单极世界下综合国力的比较劣势，对广大干部群众的思想产生了不可低估的深层次的影响。

（3）文化方面

随着我国经济世界经济的联系日渐紧密，这不仅对我国经济产生影响，而且必然反映到精神文化领域上来。世界范围内不同思想文化相互激荡、相互融合、竞争和斗争。西方社会的价值观依托其经济科技强势向我渗透，将对有中国特色社会主义文化的主流和主导作用构成冲击。在西方文化的冲击下，建设有中国特色社会主义文化的任务将更加艰巨，思想政治工作面临的形势更加复杂。

（4）科技方面

高科技所引发的多边竞争对思想政治工作构成严峻挑战，不可避免地使各种意识形态的交融和碰撞成为全方位的。尤其以网络为代表的高新传媒技术的迅速发展，人类的洞察力和理解力从未显的如此苍白。面对飞速发展的网络和正在到来的信息高速公路，思想政治工作要成为时代的需要，必须有一种时代的紧迫感，有一种探求科学的强烈意识，迎接网络、直面挑战。

2. 国内环境的新变化对思想政治工作提出了改革要求

虽然我国的改革开放和社会主义现代化建设取得了举世瞩目的成就，但是我们更应该看到，我国的改革开放进入攻坚阶段，发展正处于关键时期，经济和社会领域长期积累的深层次矛盾逐步凸现，这必然会给党的思想政治工作带来一系列新问题。

（1）经济方面

实行以公有制为主体、多种所有制经济共同发展的所有制结构和以按劳分配为主、多种分配方式并存的分配制度的同时，社会上出现了多种利益群体和阶层，如暴富者阶层、雇佣工人阶层、个体劳动者阶层、私营企业主阶层等，使思想政治工作的对象更加复杂化。同时，经济成分和经济利益多样化，必然引起价值观念的多元化，人们在利弊、得失、荣辱等问题上面临着多种取向和选择。社会生活方式和社会组织形式多样化，使思想政治工作的盲区增多，落实到基层的难度加大。就业岗位和就业方式多样化，使人们的就业标准发生变化，敬业精神淡化。如何适应这些新情况、新变化，解决这些新问题，是思想政治工作面临的新课题。

（2）政治方面

我国目前正进行深入的政治体制改革。从某种意义上讲，改革就是社会各利益群体之间的利益调整。政治体制改革实质上是权利的再分配。随着市场经济的逐步建立和民主政治的发展，我国公民政治上的民主、平等意识逐步增强，对政治民主的社会的期望值大大提高。通过对政治体制改革，解决权力过于集中等问题，必须把握好度，积极稳妥地推进，这就使我国的政治体制改革具有长期性的特点。而社会转型时期的一些社会瘤疾：如法制不健全、官僚主义、为政不廉、执政不公等不可能在短时期内全部消除，在政治利益调整上就表现出人民群众要求政治体制改革的迫切性与政治体制改革的长期性之间的矛盾，一部分人对政府产生怀疑，失去信心，甚至有人对党的执政地位提出质疑。面对政治体制改革中所暴露出的深层次的矛盾，如何引导公民正确认识各种社会矛盾，及时进行疏导、化解是思想政治工作面临的严峻课题。

（3）文化方面

由于社会文化的历史影响和渗透性，各种腐朽文化必然对新时期思想政治工作产生一定的影响。由于我国近代长期处于半殖民地、半封建社会，社会主义社会不可避免地带有封建主义文化、资本主义文化等多种文化的痕迹，一遇到适合的条件就会沉渣泛起，污染社会的精神生活。正如列宁所指出的："剥削阶级的思想是不可能同他们的棺材一起进入地下的，他们必然要在人类社会中腐烂、发臭，毒害人们的精神，危害人类社会。"封建主义、资本主义腐朽思想及其价值观表现在我们党内，便是不正之风和腐败现象的存在，这极大地损害了党群关系，削弱了我们党的基础。腐败现象的存在也使思想政治工作的理论与现实反差过大，削弱思想政治工作自身的战斗力，这也是思想政治工作面临的严峻课题。

第三章 大学生思想政治教育的方法的优化与整合

随着世界经济的快速发展，国内外的市场环境的转变，我国高校思想政治教育的环境也随之发生了深刻的变化。这种变化在大学生身上的表现为，思想变得更为独立，更具有了选择性和多变性，其思想观念也发生了很多复杂的变化。在这种多变的情况下，高校思想政治教育的方法就应该也随之进行改革和改革，不断优化与整合，以适应高校思想政治变化的情况。例如，长期采用的显性教育方式渐露局限性，自我教育对象呈现出鲜明的主体性失落状况，传统文化热中的方法滥用等问题客观上都促使必须要对高校思想政治教育进行改革和创新。

第一节 大学生思想政治教育方法概述

（一）思想政治教育方法概念的界定

思想政治教育方法是为实现思想政治教育目的、传递思想教育内容所采用的各种方式，运用的各种手段和程序的总和，包括思想政治教育者施教所用的方法和在教育者指导下受教育者领教及自我教育的方法。

（二）大学生思想政治教育方法的作用

（1）思想政治教育方法是本学科理论的重要组成部分

思想政治教育学科是一门理论性和应用性都很强的学科。思想政治教育的对象是人，解决人的思想问题重在以理服人，要求思想政治教育学理论应有很强的系统性、逻辑性，应有相当的理论深度，能深刻揭示人的思想变化发展规律和教育规律。同时，思想政治教育的目的决定了其不能成为纯理论学科，要认识、改造思想政治教育客体，要把深刻的思想和科学的理论转化为现实的可操作的方式方法，来实现思想政治教育工作的目的。正是这个特点，使得思想政治教育作为一门学科有着很强的理论性，而作为教育实践则有着很强的应用性、实在性。两者在思想政治教育学科内部形成了一种张力-----理论有转化为方法的需要，实践要求有理性方法的指导。现代思想政治教育工作尤其如此，决不能随心所欲，或凭主观意志办事，必须尊重科学规律，讲究科学方法。一句话，现代思想政治教育工作方法论在思想政治教育学科体系中具有不可或缺的重要地位和作用。

深入思想政治教育学科内部就不难看到，现代思想政治教育工作方法论的具体作用有两个重要方面：其一，是将思想政治教育学的理论、规律和原则作了向现代社会实践中可操作、可具体应用的方法的转变，使理论得以正确运用，这是实现思想政治教育工作目的的关键一步。其二，是将各种各样、分散凌乱的传统的和现代的思想政治教育工作方法、经验做法进行了分析、提升和凝练，不但明确了各种方法的理论基础和应用范围，还明确了各种方法之间的内在联系，建立起了一个方法论体系。这套方法论体系解决了思想政治教育过程中教育规律与人的思想形成变化规律有机结合的问题，解决了思想政治教育过程中的程序问题，以及在每一环节、每一阶段应当应用什么方法和如何应用的问题。

（2）思想政治教育方法有助于促进思想政治教育内容为受教育者接受并形成影响力

思想政治教育内容本质上是特定国家或集团意志的具体体现，尤其是其中有关该社会统治思想和制度秩序合法性的教育内容，提升受教育者社会道德意识的教育内容，更是如此。这就决定了思想政治教育内容与受教育者个体从自身需要满足和发展出发，建立在特定认识水平基础上的选择接受动机取向，总是存在一定的差距。受教育者自主选择和接受思想政治教育内容动机相对较弱。缩小广大受教育者需要与思想政治教育内容的差距，使其能在知晓的基础上，全面感知和体验教育内容的合理性和价值性，并自觉内化为自己的价值观和信念，再外化为自觉的行为，进而形成对人和社会的影响力，既是思想政治教育工作的根本任务和存在的价值，也是任何时代和国家的思想政治教育工作面临的最大难题。化解这一难题的根本途径就是寻找合适的载体和方法，促进思想政治教育的内容向不同层次的受教育者广泛而有效地传播，推动受教育者自觉或不自觉地受其影响。高校思想政治教育工作方法作为传播和承载思想政治教育内容的重要工具，随着时代的变迁和发展，不断发展和改革，发挥出传播思想政治教育内容的更好作用和效果。离开高校思想政治教育工作方法，思想政治教育内容既不可能自动向受教育者的思想和行为转化，也难以发挥影响大学生思想和行为进而影响社会的作用。

（3）思想政治教育方法是影响思想政治教育效果的关键因素

思想政治教育效果是根据思想教育活动实施后表现出来的结果判断的，只要思想政治教育活动符合教育目的的预期，能够对受教育者的思想观念和行为等产生好的影响，那么我们就说该教育是好的，是有效的；反之，则教育活动则是无效的，有的甚至还会产生负面作用。

需要注意的是，思想政治教育活动实施的效果并不会是全部都是由主观方面来控制的，其也会受到教育系统内部及教育环境等方面的影响，使得思想政治教育活动实施的效果有大有小。在这期间，教育方法也发挥着重要的作用，因为其联系着思想政治教育活动中的各项要素，并在其中承担着中介的作用。实践证明，在受教育者自身条件和环境基本相同，并且思想政治教育内容、目的、要求都基本一致的前提下，所采用教育方法的不同就会导致教育效果的不同。在这种情况下，就应当充分协调教育系统内部诸要素之间的矛盾关系，采用积极有效的教育方法，这样才能将相互矛盾的实体因素连接于活动之中，推动其进行相互转化和渗透，进而产生彼此都向教育者期望方向转化的良好效果。反之，思想政治教育的效果则截然相反。如果教育主体缺乏对教育系统诸因素的矛盾关系的深刻认识和了解，只是简单地根据教育目的的要求和上级的布置开展活动，或单方面地从受教育者的需要出发确立和运用方法，都会导致教育系统诸要素处于分离的状态，使相互作用、相互影响的活动关系无法形成，进而使思想政治教育活动出现低效、无效、甚至有害的结果。由此可见，思想政治教育工作方法是影响思想政治教育教育效果的关键因素。对思想政治教育工作方法进行多向度的深入研究具有极其重要的现实价值。

第二节 大学生思想政治教育的基本方法

一、典型教育法

所谓典型教育法，是指在思想政治教育中运用具有代表性的人物或事件对教育对象进行引导和教育的方法。从哲学的角度，典型是在一定的时期或一定范围具有相当程度影响的人物和事件，它能代表一类或一般事物的典型特征和本质、发展趋势或发展规律的个人或个案典型示范教育就是通过典型教育使其吸收先进典型的有益成分，并对照自己的不足，吸取经验和教训，消除自己的不良思想和行为，提高自己的思想政治素质。

典型是多种多样的，按典型的类型来划分，有单项典型、综合典型、全面典型；按照典型的性质来划分，有正面典型、反面典型；按典型的构成来划分，有集体典型、个人典型，等等。因此，典型教育的具体形式也很多。这里，主要讨论以下两种。

（1）正面典型教育法

正面典型又称先进典型、进步典型，是能体现或代表先进思想，在人民群众中起榜样示范作用的典型。正面典型的作用，就是榜样的作用，而榜样的力量是无穷的。

运用正面典型教育法时应注意以下几点。

（a）要善于发现和推广具有时代感和代表性的典型。先进典型常常产生于我们身边的日常工作、学习和生活之中，需要去发现和识别。典型的选择要具有广泛的群众基础：既要树立全国性的榜样，又要树立不同类型、不同层次、不同行业的榜样，更要善于发现和树立本地区、本行业、本单位的典型。

（b）要注意对典型事迹的宣传实事求是，注意典型的真实性和局限性。所以对典型的宣传、推广要实事求是，注意分寸、留有余地，决不能言过其实、任意拔高。

（c）要注意对典型的培养和教育，以关心爱护的态度对待典型。

（d）要教育大学生尊重典型，正确对待典型。任何先进典型都来自群众，尽管他们有超出普通人的一面，但并非也不可能是"完人"。只有全社会都来扶持典型、学习典型，典型之花才能常开不败。

（2）反面典型教育法

反面典型就是落后的或反动的典型，利用反面教员和反面教材开展思想政治教育，就是通过揭露或批评其错误或反动的观点，给人以教训，使人引以为戒，或使人认清其反动实质，与此同时，宣传正确和进步的观点。从我们党思想政治教育的历史来看，注意利用反面教材、反面教员开展思想政治教育是我们党思想政治教育的一条基本经验。今天，用社会主义核心价值观引导社会思潮，是思想政治工作的重要任务，正确地运用这一方法也一定会发挥其应有的作用。总之，利用反面教材、教员开展思想政治教育，目的是把非马克思主义和反马克思主义的东西摆在大家面前，让大家分清其本质，从而接受锻炼，增强辨别和选择的能力。

运用反面典型教育法时应注意以下几点：

（a）要勇于面对反面教材和教员，并加以正确的判断和识别。对客观存在的反面教员和教材，不要避而不谈，有意回避，事实上也回避不了，反面的东西总是要寻找各种机会出现在人们面前，"不要封锁起来，封锁起来反而更危险"。

（b）要引导大学生分析反面典型产生的根源及其危害，从而帮助大学生自觉抵制反面典型的消极影响，增强接受正面教育的积极主动性。

（c）要根据大学生不同思想水平，选取适当的内容，"种"上适当的"牛痘"。否则，不看对象，乱点"鸳鸯谱"，选取的"牛痘"不合适或种得过量，则会害多利少，甚至是有害无益的。

二、心理咨询法

在思想政治教育过程中,心理咨询方法是指运用心理学的专门知识和技术,通过语言、文字等媒体,对受教育者的心理、行为施加影响,使其认知、情感、态度发生变化,解决其心理问题,以维护其心理健康的方法。

作为一种专业性极强的方法在思想政治教育中的运用,其形式也是多样的。常见的形式有以下几个:

（1）现场咨询

现场咨询就是教育者或邀请咨询机构的专业人员深入到广大学生当中,为更多的受教育者提供多方面服务的一种咨询形式。

（2）电话咨询

电话咨询是通过打电话或发短信进行交流和咨询。这是一种较为方便而又迅速及时的心理咨询方式,可以及时帮助思想或心理有问题的人排忧解烦,有效预防因心理危机而酝酿的自杀与犯罪等行为的发生。

（3）专栏咨询

专栏咨询主要是通过报刊、广播、电视等大众传媒形式对群体的典型心理问题进行解答。这种咨询形式通过专家对一些典型心理问题的答复,可以使很多学生受益。

（4）网上咨询

网上咨询是随着互联网技术的发展和普及,各学校或大型单位建成的校园网或局域网设立心理谈心室或心理咨询坊,由专业的教育者或咨询者主持,广大受教育者随时可以通过网上咨询,宣泄思想情绪或困惑,克服心理障碍,促进良好心理素质的培养。网上咨询由于快捷、虚拟,可以使双方更加畅所欲言,达到充分的交流和心理的抚慰,其应用性越来越广。

三、理论教育法

（1）理论学习法

理论学习指的是,人们通过有组织、有计划地集体学习或个人学习来掌握马克思主义理论和党的路线、方针、政策的方法,是一种自我教育的方法。思想政治教育方法中的理论学习法,就是要认真阅读马克思主义的经典著作,明确马克思主义的立场、观点和看法,能够掌握其中所蕴含的基本原理,并且能将其熟练运用到实际生活之中。

理论学习是阅读文字的一种主要方式,主要是通过读书籍、报刊、网络文本进行的。读书活动是引导人们自己学习、思考、运用的一种自我教育方式。在思想政治教育方面，读书的内容是很多的，有政治理论、历史知识、法律知识、伦理道德、人生修养等，这些内容要同思想实际、工作实际相结合。组织读书活动的具体做法是：围绕某一专题或某一任务，提示读书范围，开列读书目录；进行必要的辅导，开展评议讨论；交流读书体会，举办知识竞赛；奖励读书优胜者；将读书活动引向深入。同时，读书活动不能仅限于自己读，还要交流、讨论、竞赛，这样可以把读书活动引向深入。

开展读报刊用报刊活动，是组织大学生学习党的路线、方针和政策，提高思想政治觉悟的常用方法。无产阶级革命导师，一向都把报刊视为传播真理，唤醒人民，组织队伍的重要手段，并把它作为党与人民群众联系的精神纽带。报刊同书籍相比，虽然政策性、时事性强，理论性、系统性有所不足，但它出版周期短，信息含量大，能及时反映情况，干预生活，进行导向，因此读者面广，影响力大，是进行高校思想政治教育的有效途径。在校大学生通过报刊的学习，可以及时了解领导的意图，提高执行党的路线、方针和政策的自觉性，从而有利于明确方向，统一认识，统一行动。需要注意的是，在开展读报刊用报刊活动的过程中，一定要与高校思想政治教育的内容相结合，所阅读的报刊内容要具有一定的选择性，这样报刊阅读活动才能对大学生的思想政治教育产生积极的引导作用。

（2）宣传教育法

科学技术水平的不断发展，大众传媒对人们的思想观念已经产生了越来越重要的影响，基本上，无论人们处于怎样的环境中，都会被这种传媒方式所影响。宣传教育法正式运用了这种大众传播媒介，以此来向高校大学生传播正确的思想理论和先进思想的方法，既有理论的阐述与辅导，也有典型的学习、运用示范。因此，利用大众传播工具，主要是广播、电视、录音、录像以及网络等，开设相应的专题活动，对正确的理论和思想进行宣传，以此来引起群众的学习和思考，促使他们建立起正确的思想观念。

1. 宣传教育法的基本方式 ---- 专题讲座

专题讲座法是思想政治教育者就某个专门的思想政治问题作系统的讲述，使大学生对这一问题产生系统的思想认识。专题讲座法可以系统地阐述某个政治道德问题，例如十八大专题报告、科学发展观专题报告、抗震救灾英模报告、大学生文化素质专题讲座等。专题讲座的专题，大多是选择大学生关心的思想政治热点问题，通过听专题报告或讲座，使大学生获得对这一问题的系统正确的认识。专题讲座法是高校思想政治教育中经常运用的一种形式，一般分两个阶段进行，先是由讲座人就专题作系统讲授，然后留适当的时间与大学生作双向的思想交流，当场回答大学生提出的问题。

2. 宣传教育法的新方式 --- 网络

在电子媒介中，网络是最具现代特色的传播方式，它信息量大、及时，视野最为开阔，并且能够做到声、光、图、文并行，既能对人进行外部引导，又能促发人的内部引导，其对人们的吸引力和影响力已经超越电影电视。随着互联网的迅速发展，网络已经成为一种社会舆论环境，对社会产生了一种强有力的控制力。由于通过网络所传播的内容具有公开性与显著性，并且在报道时间上具有持续性，所蕴含的知识量也极为庞大，使得高校大学生较为容易接受网络中所提示和强调的主流意见。因此高校思想政治教育要利用好网络这个新传播媒介。

（3）专题报告法

专题报告是指就理论学习中的某些重大或重要问题所作的学术研究或辅导理解的专题讲解，如中国特色社会主义理论体系专题研究、党代会报告辅导、时事政策综述等。专题报告的特点是形式灵活，不受时间、地点限制，并能及时传播最新理论动态和理论研究成果，起到提高认识、开阔视野、活跃思想的作用。专题报告应注意内容要新颖，体会宜深刻，不可空谈泛论；形式要灵活，重要问题可搞系列报告，但应力戒冗长拖沓；报告还应充分考虑教育对象原有的思想水平和接受能力。

（4）讲授讲解法

讲授又被称为讲解，是使用最多、应用最广的一种理论教育方法，指的是高校思想政治工作者通过口头语言向大学生传授理论知识，解释政治和伦理概念，论述哲学和科学社会主义原理与道德原则，阐述思想发展变化规律的一种教育方法。其具体使用方式主要有讲述和讲解两种。其中讲述指的是，侧重于对某些政治和道德现象的描绘，常用于革命传统教育，爱国主义教育之中。而讲解则指的是，对一些比较高深的哲学、政治、道德概念与理论，这种方法，在政治理论教育、形势教育中，运用较多。

讲授讲解教育法，是摆事实，讲道理，以理服人的方法。"理论只要说服人，就能掌握群众；而理论只要彻底，就能说服人。所谓彻底，就是抓住事物的根本。"说理是高校思想政治教育的基本方法，是打开大学生心灵的钥匙，讲授讲解尤其要说理充分透彻。讲授讲解教育法是语言灌输的一种主要方式，它主要运用于系统的马克思主义理论教育、理论学习辅导和党的路线、方针与政策的解释、宣传。高校思想政治教育工作者在运用讲解法时，需要注意三点问题。首先，要确保讲解内容的正确性，并且理论和概念也应具有科学性，所讲述的事实与最后的结论要保持一致；其次，讲解的范围要系统、全面，要注意抓住重点，对难点进行重点突破；再次，应将启发式教育应用于讲解之中，对学生进行循序渐进地引导，防止出现填鸭式的教学方法，确保思想政治教育可以实现良好的教育效果。

（5）个别谈心法

个别谈心法也叫谈话法，是教育者采用交谈的方式，引导教育对象运用事实、经验和政治理论、道德原则，分析和解决思想问题和现实问题的方法。这种在个别交谈中进行的教育方法，不仅能够彼此沟通思想、交流感情、增强信赖，从而解除教育对象的思想顾虑，把思想脉搏搞清楚，而且易于集中教育对象的注意力，启发教育对象开展积极主动的思维活动和思想斗争，增强教育针对性，提升教育效果。实施个别谈心法需要注意：一是谈话要富有感情，善于同教育对象交朋友；二是根据外界环境的状况和教育对象思想实际选择合适的谈心时机；三是注意掌握谈心的合理程序，导入、转接、正题和结束，在不同阶段处理好相应任务，从而使谈心顺利有效地进行；四是对于谈心中了解到的情况，如果是对方要求"保密"而又必须在一定组织范围内加以解决的问题，应严格组织纪律，不得任意扩大传播范围。

四、实践教育法

实践教育法是思想政治教育主体，有目的、有计划地组织教育对象参加各种有益的实践活动，引导其在实践中学习和培养优良品德和行为习惯的方法，是一种让教育对象在"做"的过程中，获得正确认识、深刻体验、提高各种能力养成良好习惯的教育方法。

实践教育法的特点主要表现在两方面：第一，改造客观世界与改造主观世界有机结合。实践教育法使受教育者把改造客观世界与改造主观世界有机结合起来。社会实践使受教育者以直接的形式参与社会的各类实践活动，一方面推动着社会的进步与发展，另一方面使受教育者在实践中得到锻炼，形成社会发展所需要的思想观念、政治观点和道德规范。第二，普遍性与能动性有机结合。实践教育法把普遍性与能动性有机结合起来。一方面，在我们的现实生活中，实践活动是最基本的活动，是人类生存和发展的前途。人作为实践的主体，在这之中必然得到锻炼，这体现了实践教育法的普遍性。另一方面，在实践活动中，人们的自觉意识使实践活动具有能动性。因此，受教育者在实践活动中作为实践的主体，由被动接受者变为主动积极的参与者，从而提高认识的积极性和自觉性。

实践教育法的具体方式主要表现在以下几方面：

（1）社会考察法

社会考察法指的是，受教育者通过一定的计划、方式和程序对社会现象进行考察和认识，对社会问题进行深入的分析从而提高自身思想认识的教育方法。在实行社会考察法的过程中，受教育者必须要提前想好自身想要解决或是研究的问题，然后带着问题去进行考察，将理论与实践相结合，最终找到解决问题的方法。这样有助于学生可以对社会问题有更加深入、透彻的理解，提高自身对实际问题选择、分析和判断的能力。

社会考察法在我党的思想政治教育史上有十分重要的地位。早在大革命时期，以毛泽东为首的中国共产党人就十分重视深入研究中国农村和农民的情况，通过艰苦的实地考察，积累了丰富的关于农村和农民问题的第一手材料，并形成了如《中共农民中各阶级的分析及其对革命的态度》等优秀的考察报告，为形成符合中国实际的农村阶级分析理论奠定了坚实的基础。延安整风运动期间，毛泽东告诫全党：要系统地周密地研究周围环境，分工合作地研究近百年的中国史。当时中央成立调查研究局，发布有关调查研究和改进领导方法的有关决定；张闻天带领干部深入陕北和晋西北的农村、城镇作了一年半的调查研究；陈云在《解放日报》上发表《到什么地方去学习》的文章，强调应当到实际中去调查研究。

社会考察所包含的范围极为广泛，不仅可以去城镇、农村或是工厂、企业中进行考察，同时还可以去一些旅游胜地、文化遗址或是革命纪念馆等地方进行考察，考察的地方越多，才越有助于学生了解我国社会主义建设所取得的重大成果。实行社会调查的一个重要目的是，学生通过自身实际动手、动脑来取得调查的丰富资料，然后再通过一系列的分析和讨论之后得出最终的结论。社会考察可以提高学生思考和实际操作的能力，同时所得出的考察结果为其他人的研究提供一定的参考资料。

在高校思想政治教育中实施社会考察法有以下几个步骤：

1. 深入社会观察

要了解实际情况，就应当首先了解某一社会现象或问题的存在方式和状况，这要求受教育者一定要自己动手、动脑去接触社会，认识社会，虚心请教，以获得客观而丰富的第一手资料。这类考察方式一般适用于对国内国际的重大事件或社会重大问题的分析研究。

2. 参与社会体察

如果说社会观察是受教育者作为客观第三方，那么参与社会体察也就是受教育者完全参与到所考察的对象的活动之中去，作为考察对象中的一部分去亲身体验。亲身体验得来的经验材料较之观察得来的经验材料更深刻，当然也更富有感情色彩，这类考察方式一般适用于对某阶层的工作、生活状况的考察。

3. 联系社会调查

通过设计调查问卷，调查问题，确定调查对象，安排专门的时间进行问卷填写或采访的方式，获得第一手资料，这是目前最常采用的调查方式，适用于考察某一社会群体对某类问题的看法或观点，社会热点问题的考察等。

（2）劳动教育法

劳动教育法，就是让受教育者从事一定量和一定程度的生产劳动，使之在劳动过程中树立正确的劳动观念，培养热爱劳动、亲近劳动人民的感情，养成劳动习惯的教育的一种教育方法。

新中国成立初期对知识分子的思想政治教育是劳动教育法的实施最典型的例子。在社会主义条件下，人人都需要思想改造，知识分子更是如此。当时对知识分子思想改造的主要途径，是引导知识分子与生产实践相结合，与工农相结合，在结合的过程中确立正确的政治立场和思想观念，磨炼意志和作风，以利于为社会作出更大贡献。

目前，我国内地的学校对学生"包"的太多，使学生失去了劳动锻炼的机会，滋长了依赖心理和作风。大学生中有相当多的人劳动观念淡薄，劳动习惯很差，"骄、娇"二气严重，生活上害怕艰苦，花钱大手大脚，轻视平凡的劳动，自视高人一等，自理能力差等。

为加强劳动教育，深圳大学将学生宿舍打扫、教学楼的鲜花摆放、校园环境打扫、山路整理、食堂的服务、管理工作等，全部通过有偿劳动由学生自己去做。这种劳动参与不仅让学生感受到自己可以不完全依赖父母，通过劳动自己挣钱完成学业，使学生感到光荣；更主要的是通过劳动实践，改变了大学生轻视普通劳动的思想观念，树立了珍惜劳动、参加劳动的社会氛围。在劳动教育中，学校应该注意把与教学相关的劳动教育与助学活动、义务劳动、日常生活劳动等统筹安排，经常地、切实地使学生在参加劳动中培养劳动习惯、卫生习惯，增强生活自理能力，树立劳动光荣的观点。

（3）服务体验法

服务体验法也叫社会服务法，就是通过让受教育者运用自身具备的知识、技能、体力等素质，为社会提供力所能及的服务，帮助人们解决学习、生活和工作中的实际问题，在奉献自身力量给社会的同时，获得对责任关系、道德关系的体验和教育，从而实现思想政治教育目的的方法。

服务体验法的具体方式是多种多样的。按服务的内容划分有生活服务、生产服务、科技服务、信息服务等；按服务的方式划分有着眼于讲文明树新风开展的志愿服务活动，有着眼于扶危济困开展的志愿服务活动，有着眼于大型社会活动顺利进行开展的志愿服务等；按服务的主体划分有青年志愿者、大学生志愿者、社区志愿者、党员志愿者、红十字志愿者等。如青年志愿者进社区，开展环境整治、家电维修、交通疏导、医疗保健、法制宣传等公益服务活动。近几年来大学生的素质拓展活动已成为服务体验的一个亮点，将社会实践岗位化，开展科技文化卫生"三下乡"活动等。服务体验法相对于劳动教育法来说更易于实施，组织简单，覆盖面大，效果好，尤其对于高校来说，能够加强学校与社会的良好互动，青少年学生朝气蓬勃，能够让自己所学知识为社会作出贡献，对于他们的学习和成长是一种极好的鼓励，因此，服务体验法应当为学校在实践教育过程中重点采用的一种具体方式。

五、自我教育法

自我教育法是伴随着大学生自我意识的发展而发展的一种教育方法。其具体指的是，受教育者按照思想政治教育的目标和要求对自身进行教育，自己做自己的思想政治教育工作的方法。受教育者通过自我学习、自我反省、自我修养、自我批评和自我改造等，能够主动接受先进思想，主动提高自己思想政治素质，自觉对自身存在的错误思想和行为进行纠正的方法。自我教育法具有自主性的特点，有利于增强受教育者的自我教育的能力，同时也是充分尊重受教育者的一种体现。

自我教育法所发挥出的重要作用主要体现在两方面：一方面是，有利于大学生主观能动性的发挥，促使大学生主动进行学习，实行自我修养与改造；另一方面是，有利于增强大学生的自我教育的能力，在自我教育的过程中，大学生可以经常进行自省、自警、自励，养成自我监督、自我调节、自我约束的习惯，自觉抵制外界的不良影响，增强自身免疫力。

第三节 大学生思想政治教育新方法的探索与运用

高校思想政治教育工作方法应有功能的发挥与当代价值的实现，必须以能动地适应不断变化的社会现实和教育对象思想实际为基础和前提，随时代的发展而不断的创新和发展。事实上，改革开放以来，高校思想政治教育工作方法的改革和发展始终是增强思想政治教育有效性的核心和首要问题，其发展趋势主要表现在以下几方面。

一、由传统型向现代型转变

"传统型"主要指的就是那些在思想政治教育工作中一以贯之、一脉相承的贯常性教育方法。例如，管理与教育相结合，并辅以必要的批评教育；树立典型，举办先进事迹报告会；结合重大节日开展纪念性活动；寓教于乐，注重校园文化对人的熏陶作用；召开座谈会、组织生活会，广泛征求意见，开展批评与自我批评；举办专题讲座，推进学生全面素质教育，等等。而"现代型"则是随着现代教育技术的进步，特别是电教技术、网络技术和信息技术的发展而提出的,它不仅拓展了思想政治教育工作的新阵地、新领域,同时也促进了传统思想政治教育工作的电教化、网络化和信息化。面对新的时代、新的形势,思想政治教育工作由"传统型"向"现代型"转变,应该被使用的新方法主要有以下几个:

（1）电教化法

"电教化"是指以电脑、音响、投影仪等电教设备为手段进行思想政治教育工作的新形势。过去,由于经济条件和技术条件的限制,市场上的电教设备既少又贵,同时高校用来购置电教设备的经费也不多,随着内外环境的改善,电教设备开始迅速走进了大学校园,而且大有加速普及之势。在这种形势和条件下,思想政治教育工作也面临着如何有效实施教育电教化的问题。"电教化"的好处是不言而喻的,它相当于给施教者安装了"左膀右臂",使人与机完美结合,达成最佳的视听效果。因此,利用好"电教",一定会大幅度提高思想政治教育工作的感染力和吸引力,取得更好的教育效果。

目前,思想政治教育工作"电教化"正发挥着日益重要的作用,许多高校都设立了电化教室,购置了大量优质的教育碟片,及时发布播放讯息,定期向学生开放。例如,在召开"开学典礼""毕业典礼""纪念大会""表彰大会"时,利用电化技术,将"主会场""分会场"紧密结合,极大地扩大了教育的覆盖面；举办大型室内校园文化活动时,在前期进行"短片"的拍摄与制作,并在活动中间播放,为活动增添了现代化的元素,提高了活动的现代感与现实感；人文素质教育专题讲座、形势政策教育讲座、专题辅导报告等,越来越习惯于使用图文并茂、多媒体综合运用的"电子课件"；"党、团、学"组织生活会开始前,往往先播放一段相关的背景视频,而中心发言也是使用制作好的幻灯片来进行,使生活会在形式上更加丰富生动。总之,实施思想政治教育工作"电教化"不仅使传统教育方式得到了很好的发扬,也促进了教育的便捷化、丰富化、生动化,同时现代教育技术发展要求的有效教育方式也得到了充分体现。

（2）网络化法

在高校,校园网建设已成为反映当代大学现代化程度的重要指标,大学生政治教育工作的"网络化"也成为必然趋势。在高校中实施思想政治教育工作"网络化",就是利用网络作为教育载体来进行在线心理辅导、就业指导、思想教育等日常思想政治教育工作。部分高校在高校思想政治教育工作已经开始全面实施"网络化",如在线生涯辅导,对学生从高效率地人生态度、生活情趣、职业规划、理想信念等方面进行正确的引导,使其能够正视成长中的烦恼,鼓起生活的勇气,尊重生命,乐观进取,努力学习；在线职业心理辅导,在保护学生的个人隐私方面具有独特的优势,不仅可以舒缓学生的心理压力、排解学生的心理困惑、提高学生的心理调适能力，而且在心理危机干预方面也发挥着极其重要的作用；由教师充当"版主"或"坛主"的社区、论坛、聊天室，成为学生进行思想交流、休息放松的"精神家园"；校园"BBS"，成为校园学生舆情的汇集地，在这里问题的提出与问题的解决，思想的交锋与思想的引导不间断地进行着；网络信箱的开设，可以将学生的意见、建议直接反映到校领导和相关部门负责人处，缩短了信息沟通的渠道，大大提高了信息沟通的效率。

思想政治教育工作的"网络化"正在以其"身份的隐蔽性""表达的自由性""传播的迅捷性"等特点逐步成为高校思想政治教育工作的主要渠道之一。

（3）信息化法

"网络化"的发展对"信息化"的普及具有重要的推动作用，"网络化"作为信息化的一个重要手段，极大地改变了人们的沟通方式、通信方式以及交往方式。在高校，信息化校园伴随着校园网的建设正呈加速发展之势。当然高校信息化的发展也对思想政治教育工作的"信息化"提出了更高的要求。高校思想政治教育工作的"信息化"的关键在于搭建信息发布和沟通平台，以信息化促进教师与学生、学生与学生之间信息沟通的便捷化和人际交往的便利化，提升信息服务的内涵与质量，实现思想政治教育平台与信息平台的无缝对接。

高校思想政治教育工作的"信息化"建设具体表现在以下几个方面：

（a）建立学生教育与管理信息库，为每一位学生建立思想政治教育个人电子档案，如学生的个人基本信息、德育综合测评信息、心理健康信息、社会实践信息、奖惩信息等，使学生教育与管理全面信息化；

（b）与通信商合作，搭建校园集群网，使集群网内师生用户之间的手机通讯低成本化，辅导员、班主任等从事思想政治教育工作的教师利用集群网与学生保持密切的信息联系，特别是紧急情况下学生问题进行应急处理；

（c）与通信商合作，搭建信息推送平台，及时向学生发布校园重大活动信息、提醒学生注意的特别事项、就业求职信息等；

（d）建立不同类别的网络群组，为群组信息发布、群组讨论提供方便，让学生及时了解各种学生活动的信息，并就大家共同关心的事务展开网上会商。

高校思想政治教育工作的"信息化"发展趋势，必然带来学生教育与管理的高效率，使对学生信息的掌握更加全面、快速，也使思想政治教育的开展更加及时、到位，从而切实促进思想政治教育工作的现代化转型。

（4）虚拟伦理训练法

虚拟伦理训练法是指利用虚拟技术以及虚拟现实技术构建现实的道德情境，使参与者身临其境时进行规定的伦理训练。虚拟伦理训练法具有现场感、形象化、自主性等独特的优点。传统德育往往疏离现场,是现场外或现场前教育,而虚拟伦理训练法则是现场中教育。尽管这种"现场"是模拟的,但却有效地克服了传统德育只重道德原则而忽视规则应用的具体情景的缺陷。虚拟训练法能充分调动大学生的积极性,让他们在虚拟环境中自主地思考和处理道德问题,自主地做出道德选择,这样有助于培养大学生自律的道德意识。由于虚拟伦理训练设置的情境考虑了各种可能的复杂关系,并提供了解决在这些关系中出现的各种可能的道德问题的正确思路,而且其操作系统可反复进行。因此,经过这样训练的人,就可以熟知道德规范并形成处理各种道德问题的相应的能力。

(5) 虚拟实践法

网络时代的来临,对大学生的学习、生活产生了重大影响。大学生作为青年群体,是网络人群的主体。网络是虚拟环境,网络上的信息是无边无际的,大学生在这种环境中,扩大了与人的交往与思维空间,丰富了人的情感与思想。而只有计算机网络技术才催生了独立形态的虚拟实践。虚拟实践之所以具有实践功能,是因为大学生运用虚拟技术,能够在网络空间中进行有目的地、能动地改造和探索虚拟客体的客观活动,即人与客体之间通过数字化中介在虚拟空间进行双向对象化活动。因而,大学生在虚拟空间所进行的交流性、仿真性、设计性、探索性实践活动,同样需要正确理论指导和遵循必要规范,同样伴随着情感、道德、思想的发展变化,这正是网络思想政治教育形成与发展的原因。虚拟实践是人在现实空间实践活动的拓展与延伸,同样具有实践教育的作用。虚拟实践必须与现实空间实践相结合,高校网络思想政治教育必须与现实生活中的思想政治教育相衔接,不能脱离现实空间实践而陷于虚拟实践,不能忽视现实生活中的思想政治教育而陷于网络思想政治教育。所以,大学生通过网络,同样也受到思想政治教育的影响。

(6) 文化熏陶法

文化熏陶教育方法即隐性思想政治教育,是指教育者隐藏教育目的和主题,按照预定的教育计划和方案,将教育内容渗透到环境、文化、娱乐、服务、制度、管理等日常工作、学习和生活中,使教育对象在不知不觉中受到熏陶的一种思想政治教育方法。

文化熏陶教育方法与其他教育法相比,一方面将教育内容和要求向教育对象的社会生活和日常生活中渗透,给教育制造更加广阔的空间,丰富教育形式,使其更生动完善,另一方面充分尊重受教育者的主体地位,使受教育者更加积极主动地参与到教育活动之中,使受教育者在教育活动之中充分完成自我实现,实现教育思想政治教育在知、情、意、行全方面的覆盖。

任何思想政治教育方法都有其特定的使用条件、范围和要求，教育者在教育过程中必须从实际出发加以运用。运用文化熏陶教育方法的基本要求是：

（a）要坚持文化熏陶教育与显性教育的有机结合。在思想政治教育实施方法体系中，文化熏陶教育方法与显性教育方法是相互依存的两个方面，显性教育是文化熏陶教育的重要依托，文化熏陶教育是显性教育的必要补充。文化熏陶教育与显性教育各有利弊，在对学生的日常教育活动中应该将二者结合起来。以显性教育做知识的引导，以文化熏陶教育做知识的陶冶，使学生既接受知识又能够把知识纳入到正常的生活习惯之中去。总之，显性教育或者文化熏陶教育在学生思想政治教育的过程中是缺一不可的。

（b）对文化熏陶教育过程进行精心组织、策划和引导。教育者应该积极主动的对文化熏陶教育的内容进行积极策划，像对待显性教育一样认真对待。对于学生来说文化熏陶教育的目的和活动可以是未经安排的不明显的，但是对于教师来讲任何一个教育措施或者是教育活动都应该经过精心的策划和安排。教育者应该明确文化熏陶教育并不是一种放任自流、任其发展的教育，而是通过教育者积极主动的组织、策划、引导下发挥教育内容具体作用的一种教育。在文化熏陶教育之中，教育者可以隐藏在教育活动的幕后，但是这并不意味着教育者对这种教育活动不负责任，教育者要做到对学生的积极关心就必须要对各种教育方式担负起自身作为教育者应有的责任。同时，由于文化熏陶教育的隐蔽性，教育者对教育对象的引导和控制就显得更加困难，不可能像显性教育那样亮明自己的意图，指出教育对象的错误，但又不能任其发展，这就需要教育者时刻关注事态的发展趋势，及时把握教育对象的内心活动，取得教育对象的充分信任，寻找机会对教育对象进行引导。只有如此，才能充分发挥隐性思想政治教育的良好效果。

（c）要注意精心选择文化熏陶教育的载体。教育载体是进行文化熏陶教育的一个重要辅助。由于文化熏陶教育的特点，在实际实施的过程中，教育者必须考虑到这些实际情况，选择有意义和对受教育者有实际影响的文化熏陶教育载体。因此根据这一原则教育者在选择文化熏陶教育载体的过程中，必须要考虑到以下几个方面的因素：其一，所选载体应具有实际教育意义。只有能被教育者按教育目的加以设定的、有着丰富教育意义的事物和氛围，才能成为文化熏陶教育的载体。其二，在选择和设置教育载体的时候，要充分考虑教育对象的年龄、性别、职业和性格等差异，要根据这些因素精心选择载体、构筑环境、创造氛围，以提高隐性教育的实效。

（d）注意文化熏陶教育过程的长期性。由于教育者在使用文化熏陶教育方法之时所采用的办法，即思想政治教育以诱导、感染、熏陶等方式展开对受教育者的影响，因此文化熏陶教育往往难以获得即时的效果，通常要等待一段较长的时间。因此要强化文化熏陶教育的效果，必须注重文化熏陶教育的长期性、系列性和整体性，从长远的角度看待文化熏陶教育的实际效果。因此在文化熏陶教育的过程中，教育者切勿急躁，一定要持之以恒，始终长期的坚持隐性教育在思想政治教育之中的具体地位，把隐性的思想政治教育看作是一项长期事业来抓。

一定要从大众媒体的特点出发开发新的宣传教育形式，所使用多种媒体的组合形成最佳的宣传效果。其三，是要注意实事求是。实事求是是我们一切工作的根本出发点，无论是什么形式的教育活动，都始终不能忘记这一点核心要求。不能歪曲事实，作虚假宣传，愚弄群众。

二、由被动型向主动型转变

在实施高校思想政治教育工作过程中，要充分考虑学生的接受性，让学生从"被动"转为"主动"，才能使思想教育工作落到实处，取得实效。在过去的教育模式中，我们往往忽视了学生作为主体的地位，从一开始就把学生设定为"被动的接受者"，凡事必须强力推动的态度，造成学生总是被动消极地参与教育活动，使我们的教育活动远离学生的思想实际，极大地影响了思想政治教育工作的实效性。随着中国社会的日益开放以及信息技术的飞速发展，大学生的视野更加开阔了，获取信息的方式更加多元化了，独立思考、自我判断的能力更强了，其自主意识、平等意识和参与意识也显著增强了。此时，无论是处于时代发展的要求还是从大学生个性发展的要求来看，在整个高校思想政治教育工作过程中，都必须充分尊重和体现大学生的主体地位，调动大学生参与思想政治教育和自我教育的积极性，实现思想政治教育工作由被动型向主动型的转变。具体来说，要实现这一转变，应该重点从以下几个方面着手。

（1）尊重学生的学习主体地位

尊重是沟通交流的基础。在高校思想政治教育工作中，树立以学生为本的理念，遵循大学生的成长成才规律和教育规律，善于引导，充分尊重大学生的主体地位和个性需求，融入人文关怀，尊重大学生的尊严、人格、价值和创造性，与他们真诚地沟通，理解、关心、帮助他们，给予他们信心和鼓励，使他们感受到温暖和希望，不断提高高校思想政治教育的亲和力、说服力，最大限度地发挥学生的主观能动性，充分激发他们的学习积极性和参与教育活动的热情，努力增强思想政治教育的针对性和吸引力。

（2）重视学生的教学参与意识

在高校思想政治教育过程中，教师与学生的关系从本质上来说不是主体与客体的关系，而是主体与主体的关系。学生是教育活动中一个积极主动的主体，是整个教育过程的积极参与者。在进行高校思想政治教育过程中，教师应当与学生平等互动，引导学生积极参与课程讨论和相关活动。具体来说，在课程讨论与一些组织生活会中，要引导学生说真话，讲实情，畅所欲言；在各种活动中，要充分尊重学生的意见，相信学生，依靠学生，让他们参与其中；教师们要经常深入一线，去察看学生的生活，倾听学生的心声，与学生互动交流，沟通思想。

三、由一般化向个性化转变

过去高校思想政治教育并不会给教师的个性化教学和学生的个性化发展以足够的空间。伴随着市场经济在我国的深入发展，以及信息社会、开放社会的深刻变化，高校教育开始注重学生作为一个具体的、特殊的个体所具有的独特需求，在高校思想政治教育工作中，坚持因材施教，实现由"一般化"教育向"个性化"教育的转变。主要从以下三个方面入手：

（1）解决学生的实际问题

解决大学生的思想首先要从解决大学生的实际问题出发，解决大学生在生活、学习方面面临的实际困难，正视那些弱势学生群体面临的实际困难，摸清每一位学生的具体情况，给他们以实际的帮助。首先，完善服务配套设施，解决大学生生活中的实际问题。大学生生活在校园里，校园的生活服务配套设施是否完善直接关系到大学生的生活质量和学习状况。因此，建立以满足学车切身需要为目的的生活配套设施是衡量高校生活服务体系是否健全的重要标准之一。目前，宿舍不仅是学生休息的场所，它承载的功能日益丰富，高校应当妥善安排学生的宿舍，提供全方位的服务，为学生创造舒适的居住条件。高校还应当深化图书馆、食堂以及校医室等配套设施，真正地做到生活服务的一体化和多元化。其次，建立学习困难学生档案。高校组织专业教师和辅导员对在籍学生特别是学习成绩较差的学生进行摸底和排查，及时发现学业有困难的学生。通过单独沟通的方式了解学生学习困难的真正原因，并对学生情况及时进行分析，采取积极措施，鞭策学业落后的学生迎头赶上。再次，建立完善的困难学生资助体系，确保所有贫困生都能得到合理资助。要加强对经济困难大学生的资助工作，以政府投入为主，多方筹措资金，不断完善资助政策和措施，形成以国家助学贷款为主体，包括助学奖学金、勤工俭学基金、特殊困难补助和学费减免在内的助学体系，帮助经济困难大学生完成学业。

（2）关注学生的心理健康

心理健康"是指个体在适应环境的过程中，生理、心理和社会性方面达到协调一致，保持一种良好的心理功能状态。"一般情况下，心理健康代表着人的心理调适能力与发展水平，即个体在内外部环境变化的过程中,能够长时期保持正常心理状态,这是众多心理因素在良好心理功能状态下有机运行的综合体现。大多数的调查结果显示,目前我国大学生的心理健康状况令人担忧。从总体水平看,在校大学生出现心理问题的比例在三成左右,而存在较严重心理障碍的约占一成。 因此,在高校思想政治教育过程中,必须加强对学生心理健康的重视。在思想政治教育中引入心理咨询的方法显得尤为重要,这不仅是思想政治教育对象心理变化的客观需要,同时更是因为思想政治教育目的和心理咨询目的不存在本质上的差别,在应对教育对象心理问题、促进教育对象发展方面具有内在相通性和一致性。从国外来看,不同的国家有不同的心理咨询理论和方法。在发达国家,心理咨询的方法由传统发展到了现代。它们的心理咨询方法我们可以借鉴,但其方法是以西方心理学理论为基础的,而且其运用也受到范围和条件的制约,所以,我们不能生搬硬套它们的方法。我们在思想政治教育心理咨询过程中,要运用已经在实践中形成的"引导咨询法""交友谈心法""自我调控法"等咨询方法,也要根据我国社会和人的发展趋势,探索新的心理咨询方法。因此,应把借鉴、继承和创新有机结合起来,形成系统的心理咨询方法,确保高校思想政治教育工作心理咨询法的有效性。

第四章 新媒体与大学生思想政治教育

第一节 新媒体时代给大学生思想政治教育带来的机遇与挑战

在新媒体时代，互联网络正以前所未有的速度向社会的各个领域延伸，而高校校园已成为我国互联网用户最密集的区域之一。网络所传递的信息对大学生政治思想、情感、品质以及心理等方面的影响日益深远。这种影响是极其复杂的，既有积极的正面的影响，也有不可忽视的消极影响。相应地，网络的迅速发展既给大学生思想政治教育带来了新的机遇，同时也为传统的思想政治教育方法及内容提出了严峻的新挑战。主要是大学生思想政治教育主体问题、教育方式问题、教育内容问题和教育创新问题等等。因此，我们要全面地分析新媒体时代对大学生思想政治教育的影响，积极探讨大学生思想政治教育的对策创新，抓住新媒体为大学生思想政治教育带来的机遇，积极应对它所带来的新挑战，努力提高当代大学生思想政治教育水平。随着互联网络应用的迅速普及，以网络参与为代表的新媒体已经影响了当代大学生学习、生活以及思想行为的方方面面。那么，大学生自己对此又是如何认识的呢？相关调查研究结果表明：在新媒体时代，大学生们对网络媒体为大学生所带来的影响持肯定态度者为多数；但其负面影响也是客观存在的，不容忽视。

一、大学生思想政治教育在新媒体时代迎来新机遇

2011年7月23日晚20点，温州动车追尾脱轨事故发生。在事故发生前7分钟，温州当地的一个居民用微博发出动车行驶缓慢的消息；事故发生4分钟后，车厢内的乘客"袁小芫"用微博发出第一条消息，称动车紧急停车并停电，还有两次很强烈的撞击；事故发生13分

钟后，乘客"羊圈圈羊"发出第一条求助微博，短时间内该微博转发量突破10万，2小时后该名网友被救；事故发生2小时后，官方在微博上发布献血号召，短时间内上千名微博网友前往血站献血。一名网友发布的血站实况，很短时间内转发量突破10万。

我们为此次重大事故痛心哀叹之余，同时也很明显地感受到了微博、网络等为人类的生活所带来的神奇速度和便捷性，也着实让人们领略到了新媒体的威力所在。由此可见，新媒体蕴藏着无比的能量，思想政治教育的方式与载体也获得了提升和创新，为思想政治教育的发展提供了前所未有的机遇。

1、拓展了教育的形式

长期以来，高校开展大学生思想政治教育的基本形式是以课堂教学为主，辅助以座谈、讨论、谈心、社会实践等，这在时空上存在着很大的局限性与限制性。在新媒体时代，思想政治教育可以不受以往的那些局限性和限制性，而是突破了这些不足，通过专门的网络资源，如网站、网页、视频或信息报道等链接，受教育者可以方便快捷地上网浏览、阅读大量的信息。为了帮助大学生形成正确的思想意识，可以在网上尽量多地发布正面信息，感染和鼓励大学生，进而达到引导的目的。通过网络便捷的交流，还能及时掌握大学生的思想状况。手机媒体、BBS等方式的开通，使交流打破了时空的限制，即时的学习交流和讨论时事，丰富了学习和生活的内容，也更有利于情感的建立。信息的集成性和双向性，信息的可选择性和便捷性是网络所特有的。高校思想政治教育工作与之相结合，就为大学生的思想政治教育提供了一个极具特色的环境。手机通讯的及时快捷也为教育提供了更多的形式和方法，从而让传统的教育形式变得更为多样化，更具合理性，更为快捷性。因此，借助新媒体技术，必将有力地丰富大学生思想政治教育的形式，增强大学生思想政治教育的实效性。

2、丰富了教育的内容

以网络为代表的新媒体是当代大学生思想政治教育的一种新的载体形式，丰富了思想政治教育的内容，拓宽了思想政治教育的途径，使传统的大学生思想政治教育内容的定义发生了改变。首先，网络是信息量大、覆盖面广的新媒体，使思想政治教育的内容更丰富多彩，也使教育者和被教育者都有了很好的选择性。通过一根网线，一个电脑终端，就能达到不出门而知天下事的理想效果，更能通过形象的、直观的、生动的动态信息调动并激发学生的好奇心和强烈的求知欲，达到更好的信息收集、传达、接收和吸收的效果。其次，新媒体也提升了教育者的学识。教育者也是互联网、手机、多媒体技术等的受益者，便于他们以丰富而全面的知识来承载内在的思想政治教育内容。思想政治教育网站能够提供全新的、更具有针对性的关于大学生思想政治教育方面的信息，对思想政治教育者和受教育者均具有十分强烈的吸引力。不论从内容上或者是形式上，新媒体都能使传统的思想政治教育内容更加丰富。

3、促进了教育的互动

在网络交往中，交往对象的社会角色往往都是虚拟的，交往对象之间不存在什么心理上的负担。角色虚拟使交往者能够保持相对平等的心态，无直接利害关系冲突的交往位置，有利于交流的双方建立宽松的人际关系。因此，在思想感情的传达上，交往者可以直抒胸臆，容易达到思想上的共鸣，并触及交流的较深层次。同时，网络上的角色也是可以变换的。在浏览网页、选择以及吸收各种思想政治教育信息时，参与者是以受教育者的身份出现的，而在参与网络上的各种信息的制作、发布等网络实践活动中，交流者将自己的思想、观点、看法以及信息传播出去的同时，参与者就又成为了教育者。因此，依托以网络为主的新媒体在实施思想政治教育时，教育者与受教育者双方都能较好地发挥其主体性，这样便十分有利于教育的互动。

4、提高了教育的效率

传统的媒体信息传递的速度较慢，思想政治教育的内容不能及时有效地传送给受教育者，导致教育的效率不高。而互联网、手机短信、手机网络等新媒体形式在信息传播方面就显得十分迅速。使用者可以在任何时间甚至任何地点浏览和查看任何关于思想政治教育的有益信息，而教育者同样可以以此方式及时地把思想政治教育的内容传送到每一位受教育者的手中。例如，可以把大学生思想政治教育理论课的课件、讲义、案例分析、讨论题等发布到校园网上、班级QQ群里、校园BBS上等，让教师与学生们展开讨论，从而使思想政治教育课程的思想、内容从课堂上延伸到网络内，从课内延伸到课外，充分调动大学生学习思想政治理论的积极性，增强教学效果。此外，大学生思想政治教育的专门网站还能够实现信息内容在组织上的超文本链接功能，在阅读电子化的理论著作中，任何一个概念、一个事件、一个人物、一部著作等都可以通过超文本链接而及时找到与之相对的非常详细的资料，供学生参考，满足学生在学习过程中查阅资料的需要。这不仅极大地提高了大学生思想政治教育理论学习的效率，而且还增强了思想政治教育理论学习的全面性、综合性以及现代性。

二、大学生思想政治教育在新媒体时代面临的新挑战

在新媒体飞速发展的崭新时代，当代高校大学生思想政治教育面临的机遇与挑战并重，以信息技术为依托，新媒体的进步全面推动了政治、经济、社会、文化等领域的纵向发展，但同时也为当代高校大学生思想政治教育带来了一系列严峻挑战。作为新媒体强有力代表的互联网，是20世纪人类最伟大的科技发明之一。在我们享受方便快捷的同时，也引发了诸

多社会问题。

1、新媒体环境增加了大学生思想政治教育的难度

新媒体技术就像一把"双刃剑"。它推动了社会的发展，为大学生思想政治教育带来新的机遇，但作为一种新生事物，其本身仍存在着很多失范的地方。比如艳照门、网络暴力和不当的人肉搜索、恶搞等，使新媒体表现出"很黄很暴力"的特征。不良短信、手机色情网站大行其道，对大学生造成不良影响，严重影响了大学生思想政治教育的大环境，增加了大学生思想政治教育的难度。

网络媒体方面，互联网的飞速发展在带来传播自由与便利的同时，也导致了大量虚假信息、不良信息和非法内容在网上的传播，侵犯公民名誉和知识产权、诈骗公民财产、传播病毒和淫秽图像、发表反动言论等网络犯罪行为屡见不鲜。此外，网络文化霸权主义也越来越活跃泛滥。互联网的开放性和全球化为知识霸权、文化帝国主义的蔓延提供了土壤。相对于传统媒体环境下的文化样式，网络文化与计算机相连，以数字化为技术载体，由于脱离了疆域的阻隔和时间的羁绊，加之贴上了"自由、民主、人权"的标签，使其有了更大的隐蔽性、强制性和工具性。霸权主义者通过互联网在思想和文化方面向其他国进行渗透，将本国的意识形态和价值观念强加给其他国家，进行文化侵略。近年来，我国一旦有负面新闻事件发生，就有一些外国媒体通过网络打着捍卫"人权"的旗号大肆渲染，散播不实言论，歪曲了部分民众及大学生群体中的小部分人对事实真相的认识，更有甚者，还拍摄了所谓的纪实片，用电影手法煽情渲染。可以想象，如果这种电影一旦透过网络流入中国，被部分缺乏判断力、价值观尚未成型的大学生所接触，则必将造成他们认知上的混淆，极大冲击大学生思想政治教育工作。

手机媒体在彰显自身有别于传统媒体的独特魅力时，也不可避免地会冲击到大学生思想政治教育，其中以不良手机短信的散播最为典型。由于手机短信可强制传播的特点，一些有害信息找到了方便之门，各种违法犯罪、不良内容的传播也找到了畅通无阻的渠道，信息往往不加控制地被到处传播，导致手机短信内容良莠不齐。反党反社会、迷信、色情、暴力等五花八门的不良信息成为手机媒体的"病毒"，让人们防不胜防。特别值得注意的是，手机短信文化作为受年轻人尤其是大学生欢迎的一种新潮文化，更能影响到他们，冲击他们的价值取向、道德观念。

大学生思想政治教育的内容包括世界观、人生观、价值观以及政治、道德与法制观念的教育。中共中央、国务院《关于进一步加强和改进大学生思想政治教育的意见》提出，当前大学生思想政治教育的主要任务之一便是"以理想信念教育为核心，深入进行树立正确的世界观、人生观和价值观教育"。而新媒体时代下，校园信息传播失去了时间空间的屏障，信息发布的自由化程度加深，这便给了诸多腐朽落后的非主流思想文化以可乘之机。这些思想文化打着反马列主义、反社会主义的旗号，利用新媒体的平台疯狂传播，妄图扭曲大学生三观，给当前大学生思想政治教育带来了许多严峻的新挑战。透过新媒体传播的消极信息复杂多变，可控性较弱，极易对大学生的道德认知及理想观念形成渗透，并由此令高校思想政治教育的许多前期工作变得劳而无功。从火星文到脑残体，从非主流到恶搞风潮，消极的新媒体信息一次又一次地冲击着大学生的道德与心灵，一次又一次地将大学生推向虚拟王国的狂欢毒池。新媒体传播的负面信息，不仅增加了思想政治教育引导工作的难度，同时也抵消了传统思想政治教育的部分效果，从而给高校思想政治教育者鸣响了警笛。

2、新媒体环境使大学生的舆论、独立思考能力等受到了影响

毋庸置疑，作为知识水平较高、接受能力强的年轻群体，大学生享受到新媒体所带来的种种方便、好处，但这是否意味着大学生已完全拥有驾驭新媒体、能够使用而规避其不良影响的能力呢？答案是否定的，由于新媒体本身传播特征和所承载的海量信息，新媒体对大学生至少产生以下三个方面的潜在负面影响。

首先，舆论被同化。新媒体技术所带来的是传播内容全球化，意识形态全球化，但是，这种全球化并非双向，而是单向的。在新媒体舆论格局中，中心与边缘是非对称的，当面对海量信息特别是面临重大问题，如国际相关事务问题时，学生们所持意见和价值取向日趋相似，甚至出现舆论同化的迹象。这是因为在新媒体传播环境下，大学生的日常生活及其学习活动处处与媒介尤其新媒体有关，有意无意地受到垄断媒介制造的舆论所控制。从大的方面来讲，目前全球每个国家的新闻媒介都可以算作全球新闻体系的一部分，但大部分国家的媒体只能是地方性或全国性媒体，不能成为真正意义上的全球新闻媒体。那么，控制舆论并促使舆论同化的只能是西方国家跨国垄断媒体，而这些西方国家跨国垄断媒体凭借其技术优势和市场威力，将触角伸向全球各个角落，试图使全球舆论传播摆脱主权国家的烙印，使其"具有全球化视野"，但事实上只是将文化霸权和意识形态强制输出披上美丽的外套。

其次，独立思考能力被削弱。新媒体给人类带来前所未有的信息爆炸，竞争激烈的新闻门户，形形色色的主题论坛，功能强大的搜索引擎。生存在这种环境中的大学生已经被淹没在信息海洋中，不断频繁地接受新思想、新观点，此刻冲击内心的想法下一刻马上被另一种新奇事物所替代，总是在接受信息过程中应接不暇、走马观花，

阅读习惯越来越浅化。此外，海量信息也为"拿来主义"的滋生创造了条件，海量信息逐渐改变着学生的知识结构，改变着学生观察的方法和思考过程，逐渐削弱学生的理性分析

和判断能力，挤压了学生独立思考的时间和空间。

最后，娱乐主义大行其道。新媒体的市场化、产业化和全球化趋势使媒介将受众作为消费者来捕获。而在媒介世界中，消费主义被追捧为圣经，为了实现利润最大化，占领最大限度的市场，获取最大的消费群体，一切目标于受众，受众需要什么就提供什么。在这种情况下，新媒体的传播内容出现良莠不齐的现象，如黄、赌、毒等有害信息严重危害广大青少年以及大学生群体。各种形式新颖的游戏使得大学生沉溺于其中从而荒废学业，各种低俗的新媒体流行用语充斥于大学生日常交往。媒介商业模式作为现代新媒体的新兴模式，正给大学生带来被捕获、被俘虏而不能自拔的陷阱。

3、新媒体容易引发大学生人际信任危机及人格障碍

手机短信、互联网、移动电视、数字广播等新媒体形式都带有很强的互动性与虚拟性，在新媒体的平台上，大学生们以"隐姓埋名"的方式进行交流，角色的虚拟性与交流的间接性使他们卸下责任感的负担，因而他们的言论也就无所禁忌，也无需为自己言论的真实性负责，更有甚者还不知所谓地对虚假言论给予了充分认可。虚拟世界的这种人际信任危机可能直接导致大学生在现实生活中的人际交往偏差，忽视自身真诚性，对他人真诚性产生质疑，从而阻滞其社会人际关系的良性发展。最后，一旦大学生在新媒体平台上的异于现实的表现得到固化，虚拟人格与现实人格频频更替，就可能引致心理危机，甚至引发双重或多重人格障碍。

4、新媒体发展凸显现有思想政治教育滞后性

当代大学生思想政治教育面临着崭新的新媒体时代背景，新媒体信息技术的迅猛发展，模糊了真实社会与虚拟社会的界限，过于直接的认知方式从根本上改变了人们的认知体系，青年大学生的独立性认知在不知不觉中被剥夺，他们被动地接受了"虚拟时空"形式的存在，并渐渐迷失了自我理性。然而，面对新媒体的这种挑战，现有大学生思想政治教育的发展速度却远远跟不上新媒体时代的步伐，由于相关理论实践研究缺乏前瞻性，当代大学生思想政治教育的教育环境、教育制度、教育理念、教育形式等维度已严重滞后，从而导致当代高校现有的思想政治教育形式已经受到严峻的挑战。

5、新媒体环境使教师的主体地位等受到了影响

首先，新媒体在某种程度上致使少部分教育者对马克思主义、社会主义、共产主义的理想信念和集体主义价值观有所淡化。在中共中央、国务院《关于进一步加强和改进大学生思想政治教育的意见》中，提出大学生思想政治教育的主要任务是："以理想信念教育为核心，深入进行树立正确的世界观、人生观和价值观教育。要坚持不懈地用马克思列宁主义、毛泽

东思想、邓小平理论和'三个代表'重要思想武装大学生";使大学生"确立在中国共产党领导下走中国特色社会主义道路、实现中华民族伟大复兴的共同理想和坚定信念"。完成这些任务和目标,关键在于大学生思想政治教育工作者首先要树立走中国特色社会主义道路、实现中华民族伟大复兴的共同理想和坚定信念。而新媒体传播中所夹杂的大量的西方国家政治观、利益观、思维模式、生活方式等对部分教育者尤其是年轻一代教育者影响较大,少部分人对马克思主义、社会主义、共产主义的理想信念和集体主义价值观有所淡化。这种负面思想、情绪一旦被带入日常工作,则无疑会影响大学生思想政治教育。

其次,新媒体对教育者的业务水平提出了更高的要求。新媒体对思想政治工作者来说,既是机遇,也是挑战。新媒体环境下的大学生思想政治教育必然会遇到前所未有的新矛盾、新困难,教育者在提升业务水平方面面临着更大的压力。据2010年对北京思想政治理论课任教老师的调查结果显示,虽然大部分教师已经能较为熟练地使用网络资源,但很少使用网络资源的教师仍占总比例的10%;在获取信息能力的自我评价方面,4%的老师表示很吃力,无法找到所需资源,不会使用辅助工具,28%的教师只知道百度、谷歌等一些简单的资源获取方法,而且资源获取花费时间较长,仅28%的教师表示基本掌握多种查询方法,能熟练获取所需资源。面对学习使用新媒体的压力,一些教师尤其是老教师表示束手无策,不知所措,进而唉声叹气,怨天尤人,甚至产生自卑心理。

此外,新媒体使教育者的主体地位有所动摇。在新媒体环境下,信息传播的开放性和信息主体的多样性使得信息掌握的权利越来越均等,教育者的信息和技术优势不再明显。通过新媒体,学生可以收看大师学术讲座、名家论坛,通过数据库检索,学生可以查询关注各学科领域最新学术动态和下载种类齐全的电子书,甚至,英语好的同学还可以通过高校IPV6网络高速下载收看哈佛、耶鲁、伯克利、剑桥等世界一流名校诸多课程视频;各学科课程的教学备案、PPT课件也是一应俱全;教育者不再是提供教育信息的主导者,主体地位受到一定冲击。

6、新媒体对大学生思想政治教育者的媒体素养提出时代要求

新媒体是大学校园的信息化平台,大学生思想政治教育者不仅应对新媒体熟练掌握,还需懂得如何创新运用,因为这将直接关系到大学生在接受思想政治教育过程中对新媒体的了解、使用和发展。新媒体时代的大学生对新生事物往往有着强烈的好奇心和天然的认同感,这使他们成为了新媒体首批接受者、使用者及推广者,而思想政治教育者则相对处于信息天平的另一端。在过去较封闭的条件下,他们活动的范围有限,视野、思维难免局限于比较狭隘的时空。就当前的情况而言,他们对新鲜事物的敏锐性不够,缺乏新媒体技术意识,网络

技术水平不足，观念更新略滞后于学生发展的需要，甚至部分教师对网络等的熟悉程度还不如学生。因此，高校迫切需要努力建设一支思想水平高、网络业务水平强、熟悉学生特点的网络教育者专业队伍。换言之，新媒体时代对思想政治教育者的媒体素养提出了全新要求，提高新媒体素养将是提升大学生思想政治教育水平的关键要义。

中央相关领导同志早在2007年就已高度重视新媒体的发展，特别提出了加强大学生思想政治教育的要求。时任教育部党组成员、副部长的李卫红于2009年召开的"网络新媒体条件下高校思想政治教育工作研讨会"上曾提出，高校思想政治教育工作要充分关注网络新媒体的影响，主动研究、积极利用网络新媒体为思想政治教育和学校稳定工作服务，不断丰富工作的新手段，开拓育人的新空间。为此，必须充分利用新媒体技术把挑战转化为机遇，以积极的态度和创新的精神进一步做好大学生思想政治教育工作。

综上所述，在新媒体时代，互联网已经成为思想文化信息的集散地及社会舆论的放大器。新媒体对大学生思想政治教育的影响是一把"双刃剑"：一方面在丰富资源、增强自主性、提高效率和增强效果方面，为大学生思想政治教育创造了良好的机遇；另一方面给大学生思想政治教育的控制力、辨别力、引导力和主导力提出了新的挑战。为此，全面分析新媒体时代对大学生思想政治教育的影响，积极探讨大学生思想政治教育的对策创新，将有助于提升当代大学生思想政治教育的整体水平，增强大学生思想政治教育的实效性。

三、新媒体环境下加强和改进大学生思想政治教育的重大意义

如上所述，新媒体给大学生思想政治教育带来了新的挑战，因此，加强和改进新环境下的大学生思想政治教育则显得意义重大。它既是实现大学生思想政治教育创新的迫切需要，也是增强大学生思想政治教育时效的根本保障，同时还是完善大学生思想政治教育内容的重要举措。

1、新媒体环境下加强和改进大学生思想政治教育，是实现思想政治教育创新的迫切需要

"网络技术等现代传媒技术的发展，给大学生的生活、学习和思维方式带来了深刻的影响。这既给高校思想政治教育工作带来了机遇，也带来了挑战。要根据大学生接受信息途径发生的新变化，全面加强校园网建设，善于运用互联网等现代传媒，把思想政治教育的内容有机融入其中，开展生动活泼的网络思想政治教育活动，增强网络思想政治教育的吸引力和感染力，形成网络思想政治教育体系，牢牢把握思想政治教育的主动权。"这段讲话为以网

络为主要代表的新媒体环境下的大学生思想政治教育指明了方向，也提出了新的要求。如何从传播学的角度，运用传播学原理对新媒体环境下的大学生思想政治教育进行分析和研究，这是一次新的尝试和探索，通过与不同学科的相互渗透交叉、相互借鉴启发，从而有利于大学生思想政治教育的不断发展和创新。

2、新媒体环境下加强和改进大学生思想政治教育，是增强大学生思想政治教育实效的有力保障

习近平同志曾经指出，面对新形势新情况，思想政治工作在继承和发扬优良传统的基础上，必须在内容、形式、方法、手段、机制等方面努力进行创新和改进，特别要在增强时代感，加强针对性、时效性、主动性上下功夫。这将成为今后加强和改进思想政治教育工作的重点。从某种意义上来讲，人类的教育过程可以看作是一种广义上的信息传播和通信过程，而思想政治教育也是一种信息获取、选择和传播的过程。

由于新媒体也有输入、存储、传播和教化的功能特性，与思想政治教育传播信息、接受信息、内化信息和外化信息的过程具有一致性。另外，新媒体可以把思想政治教育的教育者和受教育者联接起来，使教育者和受教育者通过新媒体进行双向互动，其信息传播过程同样是"教育者—交流沟通—教育对象—信息反馈—教育者"这个思想政治教育的基本环节。同时，新媒体本身开放性、平等性、交互性、及时性和多媒体性等优势特点有利于思想政治教育的信息传播和教育者、受教育者双方的交流沟通。因此，通过研究如何充分利用新媒体的优势传播特性来开展思想政治教育，有利于提高大学生思想政治教育的时效性。

3、新媒体环境下加强和改进大学生思想政治教育，是完善大学生思想政治教育内容的重大举措

习近平总书记强调，做好网上舆论工作是一项长期任务，要创新改进网上宣传，运用网络传播规律，弘扬主旋律，激发正能量，大力培育和践行社会主义核心价值观，把握好网上舆论引导的时、度、效，使网络空间清朗起来。新媒体环境下的大学生思想政治教育除了应包含思想教育、政治教育、道德教育等传统内容外，最大的特点是还应囊括媒介素养教育。所谓媒介素养，是指"人们获取、分析、评判和传播各种媒介信息的能力以及使用各种媒介信息服务于个人的工作和生活的能力""人们对各种媒介信息的解读和批判能力以及使用媒介信息为个人生活、社会发展所用的能力"。这是信息化社会中教育对象必须具备的一项基本技能，也是大学生综合素质的一个重要体现。在新媒体环境下，信息或知识已经成为社会生产力的重要组成部分，给处在经济尚不发达地区或条件尚不优越的单位和个人的教育带来了福音。新媒体信息技术的本质越来越明确地告诉我们：成功的关键在于有效组织和利用信

息，而不是在形式上拥有、收集或储藏信息。只要着力抓住信息教育的关键，不断促进思想政治教育信息化的发展和完善，就一定能更好地发挥新媒体在思想政治教育中的作用。因此，对大学生开展必要的媒介素养教育必然将成为新媒体环境下大学生思想政治教育的一个重要任务，这也是新媒体环境下大学生思想政治教育区别于传统思想政治教育的一个重要方面。

第二节 新媒体环境下加强和改进大学生思想政治教育的对策思考

加强和改进新媒体环境下的大学生思想政治教育，应遵循渗透原则、开放原则、法制原则和正面引导原则。注意利用新媒体创新大学生思想政治教育手段，加强大学生思想政治教育工作者队伍建设，开展媒介素养教育，增强大学生媒介免疫力。

一、结合新媒体特点，坚持思想政治教育科学性原则

新媒体环境下加强和改进大学生思想政治教育的基本原则是思想政治教育者在思想政治教育原理和规律的指导下，为实现思想政治教育目的，开展思想政治教育活动过程中所要遵循的准则。它贯穿于整个教育全过程，是指导新媒体环境下思想政治教育各种对策的理论依据。为了使大学生思想政治教育在新的环境下取得良好效果，主要应把握以下几方面的原则。

1、渗透原则

新媒体作为一种现代化的信息平台，具有巨大吸引力。在自由开放的媒介文化空间中，大学生可以自主进行判断、选择，自由获取信息、传播信息，他们的现代社会意识、法制道德意识、民主意识日益增强。相关心理学研究也表明：当信息传递的诱导性过于明显，强度过大时，受众就会感到选择自由被限制，进而引发对该类信息的抵触和排斥。因此，单纯采取传统填鸭式的单向灌输方法很容易引起教育对象的反感和厌倦，使教育对象产生逆反心理和对抗情绪，直接影响思想政治教育的效果。所以，在显性教育课程之余的日常大学生思想政治教育工作中，教育者必须坚持渗透性原则，充分利用新媒体的隐蔽性、虚拟性、互动性特点，尽量隐匿自身的教育者身份和教育目的，淡化教育色彩，消除教育对象的逆反心理和抵触情绪，采取疏导的方法，诱导其敞开心扉，自由表达自己见解，坦诚抒发自己的思想与情感，从而在潜移默化的过程中帮助教育对象明辨是非，树立科学的世界观、人生观和价值观。

2、开放原则

由于新媒体信息传播具有开放性特点，新时期的大学生思想政治教育理应顺应时代发展的要求，主动更新自身思想观念，努力摆脱陈旧思维方式的束缚，以开放的心态开展教育工作。开放原则应包含有两层含义：首先是新媒体资源的开放。新媒体给人们提供了可以共享的、丰富的信息资源，极大方便了大学生的学习生活；但新媒体信息传播过程中也夹杂了大量的虚假信息、垃圾信息以及很多色情、犯罪信息，这些负面信息对大学生的身心和思想产生了巨大的冲击，极大腐化了部分大学生的思想。面对这种情况，大学生思想政治教育工作不能因为信息的复杂而封闭保守，而应该扩大教育资源的开放程度，通过提供吸引力强的、积极的教育资源，为大学生提供分析、判断各种信息的资料，坚定社会主义信念和共产主义理想，促使思想政治教育工作的有效开展；第二是新媒体环境的开放。新环境下的大学生思想政治教育活动中，由于教育主客体具有交互性，这就要求思想政治教育环境的开放，使得教育主客体能够自由平等地进行交流。因此，教育者要创造开放的教育环境，营造民主平等的氛围，通过自由平等的对话，加强与学生之间的思想交流和情感交流，提高思想政治教育的实效性。

3、法制原则

随着新媒体的迅速发展，各种利用新媒体的新型犯罪行为日益增多。这既反映了我国相关方面立法滞后，也说明我国民众相关方面法律意识的淡薄。这就要求在对大学生进行思想政治教育过程中，坚持法制性原则，不断加强对大学生的相关法制教育，提高大学生的新媒体使用法制意识。将新媒体法律法规纳入教学计划中，综合运用新媒体法律知识竞赛、法律知识演讲比赛、法律知识社会调查等形式，加强对大学生的新媒体法律法规教育，促进大学生新媒体法制意识的形成，加强对大学生的管理，如可以建立网络信息反馈渠道和信息监控系统，若发现有违反网上道德与法规的现象，及时教育和处理，以规范大学生在新媒体空间里的言行。

4、正面引导性原则

坚持正面引导就是要使符合社会发展要求的正向言论充分累积与共鸣，用正向舆论压制负面舆论的噪声，用科学的精神、理性的探讨指引大学生群体。坚持正面引导的原则是实现新媒体信息舆论控制的重要内容。譬如，在广受大学生欢迎的博客传播中，虽然从整体的外在形式上看信息传递的自由性加强，把关理论受到强大冲击，但实际上博客的微观把关机制仍然存在，当前中国的博客使用者仍然主要通过博客网站进入和浏览博客内容，这样教育者就可以通过根据社会热点设计引导议题、培养博客用户群中的意见领袖等做法，达到对博客网站的微观把关和议程设置优化的目的。

5、方向性原则

所谓方向型原则，是指在思想政治教育过程中，坚持以马列主义、毛泽东思想、邓小平理论、"三个代表"重要思想和科学发展观为指导，按照完善人、发展人的总目标，在思想道德修养上为教育对象指明方向，使社会主义思想道德成为激励他们进行道德活动的精神力量。思想政治教育的方向性是由教育的阶级性所决定的。任何一个阶级社会都要求教育者按照本阶级的利益原则和价值取向确定自己的思想政治教育目标。我国思想政治教育的目标是：培养学生遵守社会公德、公民道德和良好的社会主义思想道德品质，塑造社会主义理想人格，引导正确的道德实践活动，树立以国家、人民和集体利益为重的集体主义精神，提倡大公无私、毫不利己、专门利人的共产主义思想道德品质。

思想政治教育是一个非常复杂的教育系统，具有系统的一般特点。系统论认为，系统的一个重要特征就是它的目的性（也称为终极性或方向性）。钱学森指出："所谓目的，就是在给定的环境中，系统只有在目的点或目的环上才是稳定的，离开了就不稳定，系统自己要拖到点或环上才能罢休。"一般来说，个体最初"落在"哪个目的点或目的环上，它就会按照这样的点或环的要求生长，沿着它所设定的目标发展。所以，在思想政治教育过程中，谁先抢先把思想政治教育对象拉入自己的道德轨道，谁就拥有对该对象教育的主动权，也就获得了开展思想政治教育工作的优势条件。当代大学生从小就以社会主义思想道德要求发展自己的思想道德观念，这为我们做好思想政治教育工作提供了良好的初始条件。

二、开展媒介素养教育，增强大学生媒介免疫力

新媒体互动性、移动性强和自主个性化的信息服务特点深刻影响了大学生的成长和发展，影响了他们的生活、学习、交往方式和思想政治观念的形成，成为大学生认识社会、认识世界的重要渠道。但同时新媒体环境下衍生的信息污染、信息爆炸和信息侵略所导致的大学生舆论逐渐被同化、独立思考判断能力不断下降、沉浸于低俗娱乐文化给大学生思想政治教育带来严峻的挑战。适应信息环境的变化，归根到底需要加强对大学生媒介素养能力的培养。

媒介素养包括人们对各式各样的媒介信息的解读能力。除了基本的听说读写能力之外，还有批判性地观看、收听并解读影视、广播、网络、报纸、杂志、广告等媒介所传播的各种信息的能力，以及使用宽泛的信息技术来制作各种信息的能力。媒介素养是一个素质概念，它的宗旨是使大众成为积极善用媒体、制造媒体产品、对无所不在的信息有主体意识和独立思考的优质公民。提高大学生的媒介素养，建立起积极有效的、对信息批判接收的反应模式，使大学生在汹涌而来的各种新媒介信息面前不迷航，提高对各种负面信息的免疫能力，学会

有效利用新媒体帮助自己成长进步，是大学生媒介素养教育的根本目的。实现这个目的，可尝试采取以下举措。

1、帮助大学生增强对传播媒介影响的认识

只有正确认识传播媒介对大学生的影响，深刻认识媒介影响的根本原因和途径，才能更加有针对性地实施教育。研究调查表明，许多人对传播媒介的作用、性质、影响有不同程度的错误认识。他们往往容易走两个极端，就是夸大或忽视传播媒介的影响。在很多情况下，媒介的影响是与个人原有的认知结构、态度、个性、价值观和生活环境密切相关的。也就是说，原有的生活经验决定了他们的媒介兴趣和媒介选择，在社会环境的影响下，接受或改变了一些原先的知识、社会规范和行为规范。媒介影响其实是媒介传播和个人因素共同作用的结果。它的影响不是直接的、即时的，而是间接的、长期的、潜移默化的。如果能充分估计到各种因素的作用，就会在一定程度上解除对媒介的戒备状态。同时，大学生在接触媒介时，不是被动的接受者，他们登录各类网站或查阅各类信息常常处于某种"媒介需要"。接触媒介主要是为了满足交往需要，忘记烦恼并摆脱生活压力的需要，消磨时间的需要，刺激情绪的娱乐需要以及学习需要等。譬如，跟不上网的人比，上网的人在下列媒介需求表现出更强烈的倾向：发现自己需要的信息、认识自己崇拜的人并与他们通信联络、扮演与现实不同的新角色、课外学习或研究感兴趣的问题、感受新鲜刺激等。这些需要都是在个人所处生活环境影响下，在与媒介交互作用中产生的。生活在不同环境下，有了不同的媒介需要和接触经验，就会选择不同的媒介以及不同的媒介内容来满足自己，进而产生了不同的媒介影响。

2、引导大学生提高对媒介的批判与鉴赏能力以及创造与传播信息能力

首先，引导大学生掌握一些媒介知识。这些知识应包括两个方面，一是应该了解媒介信息不都是客观事实，它是经过对现实加工制作出来的，是基于现实生活的，但绝对不等同于现实生活；另外，应该了解自己的现实生活才是最重要的，媒介所营造出来的生活可以作为一种参考，也可以作为将来发展的可能性之一，但绝对不能代替自己的生活。

其次，引导大学生对现有的媒介内容进行解构分析。譬如，随着互联网媒体使用的增多，网站正逐渐成为受欢迎的教育资源，然而并非每个站点的资源都是好的，那么如何决定一个站点是否值得使用呢？我们可以从网站的技术、目的、内容、发起者、实用功能、设计等方面去评价一个网站的权威性和可靠性，看该站点是否提供了解决问题所需要的信息。建构主义认为，知识是学习者在一定的情境即社会文化背景下，利用必要的学习资料和他人的帮助，通过意义建构的方式获得的。学习者要成为意义的主动建构者，就要主动搜集、分析相关资料和信息，对所学习的问题提出各种假设，并努力加以验证。

3、发挥课堂教育在媒介素养教育中的主渠道作用

学校是大学生最主要的活动场所，在学校教育中发展系列媒介素养教育课程，对大学生进行系统的媒介素养教育，是提高大学生媒介素养的主要途径。

首先，应当确立大学生媒介素养的教学目标与大纲。目前学界认为媒介素养主要应包含对媒体认知、情绪、美学、道德四方面的知识与能力，简单地说，认知是一切与媒体有关议题的基本认识与了解，例如媒介与广告商的关系，及媒介的把关与议题设定功能等特性，情绪是个人对媒体的摄入与精神层次的影响，美学是对媒体使用科技与制码等方面的认识，道德是从批判的角度来看待媒体。大学生媒介素养教育应当将这几个方面有机融合在一起。

其次，注意教育方式方法。媒介素养教育所传递的知识观念与一般学科有所不同，它需要以活泼的教学方式来吸引学生亲自参与，这就需要教育者跳出传统教学授课模式，在教学方法上不断创新。通过游戏或者实际制作的过程促进学生的思考、自省；通过典型示范的做法推动学生的自律；通过交流、对话实现与学生进行深层次的沟通。

最后，积极借鉴国外成功经验。媒介素养教育在国外开展得较早，已形成了一定的模式，取得了令人瞩目的成绩，教育者在开展媒介素养教育的过程中要注意在各个环节中借鉴外国媒介素养教育的成功经验，并将之与我国目前媒介素养教育所面临的实际现状结合起来，以开创有我国特色的媒介素养教育模式。

三、运用现代技术，促使教育手段新媒体化

思想政治教育手段，是在教育过程中教育者和受教育者相互传递、接受思想政治教育信息的工具以及使用的方法。思想政治教育手段需要与时俱进，需要不断地用现代科学技术武装、改造教育信息的传播媒体，从而实现教育手段的最优化。思想政治教育手段的不断更新，是推进整个思想政治教育向前发展的巨大动力。传统意义上的大学生思想政治教育已经形成了一定的模式，也取得过辉煌的成就，但其仍存在着一定缺点，如方法较单调，手段较单一，尤其是储存、加工、传播的信息量少，强度弱。这种状况显得与现代新媒体在校园传播中的广泛影响，与大量思想政治信息的选择、加工、储存的需要有些格格不入。因此，运用新媒体技术创新教育手段是加强和改进大学生思想政治教育的重要途径。

1、重视校园 BBS 的应用

校园 BBS 是当代高校不可或缺的重要组成部分，也是当代大学生日常学习生活经常光顾的"魅力地带"。

当今环境下我国高校面临着各种严峻和复杂的挑战。很多不稳定因素、社会思潮、师生

舆论动向等都会首先在 MS 上反映出来、扩散开来。毫不夸张地说，当前新媒体环境下大学生思想政治教育的核心问题之一就是 MS 的管理。抛开 BBS 谈新媒体条件下的大学生思想政治教育无异于隔靴搔痒。因此，大学生思想政治教育必须关注 BBS，积极发挥其思想政治教育正面功能，同时不断增强对 BBS 的管理和引导。

高校可以通过 BBS 及时了解和把握学生的思想状况，提高思想政治教育的针对性和有效性。关注学生群体中的热点话题，通过网络与学生交流思想，听取不同意见反馈，使 BBS 成为服务学生、改善工作的重要途径，成为服务思想政治教育中心工作的有力工具。

高校应尽快建设一支 BBS 快速反应队伍。负责学生工作的相关教师、辅导员、学生网络管理员、BBS 站务管理员和学生党员干部都要活跃在学校的各个板块，及时处理突发事件，化解矛盾，以客观公正的看法占领意见领袖地位。学校有必要拨出专门经费配置，占领 BBS 思想政治教育所必须的资源，如专门的工作电脑和专业化的 BBS 评论员，将 BBS 思想政治工作开展情况作为一项日常考核指标。同时，制定应对 BBS 快速反应的预案也是非常必要的。可将 BBS 信息管理划分为"常态管理"和"敏感时期管理"等不同级别状态，分别制定预案，明确不同状态下工作重点及要求、启动措施、工作流程、工作人员等，在管理控制、技术制约等方面制定可操作的方法，从而做到及时处理突发事件的发生，最大限度地遏止有害信息在 BBS 上的传播和扩散。

高校应该积极宣传 BBS 中的理性声音。很多情况下，BBS 上非理性的声音总比理性声音显得更为积极。理性声音尽管在实际学生群体中占多数，但很多人不愿意或很少在 BBS 上发表言论，使得 BBS 上的非理性声音力量越来越大，成为主流声音。为了避免这种情况，教育者应采取各种方式鼓励理性声音，有意识地在 BBS 中树立意见领袖，从而达到以理性声音自然压制非理性声音的目标。

2、重视 SNS 的应用

SNS，即社会性网络服务，专指旨在帮助人们建立社会性网络的互联网应用服务。SNS 的另一种最常用的解释为社交网站或社交网。SNS 作为新媒体中的新生军势力发展异常迅猛，其创始者仅用 5 年左右的时间就在全球拥有了 5 亿用户，其品牌影响力也于 2010 年超越老牌名企微软公司和苹果公司，跃居全美第一。我国最早的 SNS 网站人人网前身——校内网创建于 2005 年，主要定位于大学生群体，获得了巨大的成功。截至 2010 注册用户数达到惊人的 7000 万，毫不夸张地说，作为一个在校大学生，如果不知道人人网，如果没有人人网账号，那绝对属于"异族"了。

以人人网为主要代表的 SNS 时代的到来，对大学生思想政治教育也带来了新的机遇和挑战，思想政治教育者必须要充分重视起来。实名制注册是 SNS 区别于传统形式公共网络讨论的最大特点，正如人人网宣传语所称：在这里，你可以展示自己，结识新朋友，找到老同学；用日志和相册记录生活点滴；和朋友们分享照片；和朋友们分享喜欢的群组、音乐、电影、书籍；第一时间了解身边好友的最新动态；分享喜欢的音乐、电影、书籍，结识兴趣相投的朋友……SNS 更强调私域的表现和人际交往中少数意见的保护。除了更强调互动和人际间的传播带来的交往效率的提高和信息阻塞的消除，SNS 可以说在某种程度上实现了虚拟社会与现实世界的互动，实现了人际关系的网络化和扁平化。一方面 SNS 有利于满足大学生的社交需求，有利于降低网络社交的风险，有利于大学生自我完整人格的形成；另一方面，有可能导致大学生沉湎于网络社交而忽视现实世界中的人际交往，由于缺乏对交往对象的充分认识而导致"交际泛滥"，以及大量不良信息缺乏过滤和引导。了解了 SNS 的这些特点后，这种新兴媒体完全可以为思想政治教育者所用，而且当前校园 SNS 信息繁杂、缺乏引导的现状也急需思想政治教育者的加入。

首先，思想政治教育者应构建起自己的 SNS 空间，以与学生平等的姿态参与 SNS 互动，通过搜索功能寻找添加各自所负责的受教育者群体，一方面可以上传自己日常真实生活照片、工作日志、人生感悟体会等，向学生展现自己的生活轨迹与心路历程；另一方面，通过好友关注切实关心学生学习、生活、感情中所遇到的问题并发自真心地给予问候和帮助；通过这样的做法逐渐拉近与受教育者的距离，减少学生对直接思想政治教育的抵触情绪和防范心理，增加自己在受教育者群体中的"人气"，博得受教育者的信任。

其次，在建立起稳定 SNS 社交圈后，可进一步分享教育信息，将思想政治理论课的作用延伸到社交网络平台，精心筛选优秀、进步、向上、易贴近学生群体的思想政治教育内容如时事评论、书籍报刊选读、优秀影视作品上传到 SNS 空间，通过此类做法与学生进行一对多的网络交流，使得思想政治教育工作的辐射面更广、更大，从而持续有效地增强思想政治教育的效果。

3、重视手机报的应用

手机报是依托手机媒介，将纸质媒体的内容进行整合编辑，由网络通信商用无线通信技术以彩信方式发送到用户手机，或者用户通过访问手机报的 WAP 网站浏览信息的一种传播模式。区别于传统报纸，手机报实现了从纸质向电子介质的飞跃，其传播速度、传播交互性大大强于传统报纸，其传播内容也更具多媒体性。

在 21 世纪，手机报已经取得巨大成功，那么是否可以尝试将其引入校园，成为大学生思想政治教育的有效工具呢？依照当前技术发展愈来愈成熟的趋势和大学生频繁的手机阅读使用来看,这是完全有可能而且有必要的。而且少数富有创新远见的高校已经开始了相关的实践摸索,通过网络电信平台发送至每个学生手机,其内容编辑由相关教师指导,学生团队参与筛选创作,极富传统校园刊物特色,其中既有学习信息如选课指导、学术讲座预告,又有校园特色生活小贴士,生活实用小窍门,还有深受学生喜好的流行网络语言……这些目标于学生受众群体的校园手机报用贴近学生生活环境的内容、轻松诙谐的语言风格、换位思考的平等立场很好地服务了青年学生,受到了在校大学生的热烈欢迎。更为重要的是,为实现思想政治教育,更好地提高学生思想政治素养,一些高校的手机报中,每期都包含有相关的思想政治教育内容,如以重大节庆日的主题教育活动,以期末考试为契机的诚信道德教育,以毕业典礼为契机的感恩励志教育等。利用手机报开展大学生思想政治教育已经初步收到良好反响,这也将成为未来大学生思想政治教育的一个重要新手段。高校思政工作者们应予以研究重视,高校方面也应投入资金建设相关工作部门和队伍,结合各自校园特点,重视学生需要,在关于如何将手机报成功融入本校学生思想政治教育工作问题上作出深远思考和有效实践。

四、紧跟新媒体发展步伐,加强师资队伍建设

大学生思想政治教育师资队伍,是保证新媒体环境下的大学生思想政治教育工作成功开展的关键因素。做好这项工作首先需要高校党委和行政领导层的高度重视,克服一直以来存在的重学校改革和事业发展、轻思想政治工作的问题,处理好教学、科研与思想政治工作的关系,重视起大学生思想政治教育工作者队伍建设,重视起学生思想政治素质的提高。根据以往经验和对新媒体环境形势来看,加强大学生思想政治工作者队伍建设应当注意从以下几方面着手。

1、加强教师的理论学习

这是做好新媒体环境下大学生思想政治教育工作者队伍建设的首要条件和重要途径。这里所说的知识,既包含马列主义、毛泽东思想和中国特色社会主义理论,也包括各种社会科学和基础自然科学知识。加强理论知识学习,最根本的就是学习马列主义、毛泽东思想,尤其是要学习关于中国特色社会主义理论体系的重要论述。只有这样,在贯彻执行党的路线、方针、政策时才能做到更加自觉和全面,才能排除各种错误倾向的干扰,从而避免和减少在工作中出现片面性、绝对化和左右摇摆。做好新媒体环境下的大学生思想政治教育不但不能放松对理论的学习,相反,由于信息环境更为复杂、各种思想意识形态的冲击更为猛烈,对教育者的理论知识要求更高。在学习马克思主义理论的同时,还要努力钻研业务,认真学习

法律知识、历史知识、社会主义市场经济知识等，特别要注意学习接触现代信息科学技术，努力掌握各项新媒体技术。教育者要克服"技术恐惧症"，不畏艰难，充分认识运用新媒体技术在思想政治教育过程中的重大意义，主动加强有关知识的学习。

2、注重教师的实践锻炼

这是建设新媒体环境下大学生思想政治教育工作者队伍的一条基本途径。提升思想政治教育者素质，不仅需要勤于学习和善于学习，更重要的是要勇于实践。实践在我国历来被视为提升素质的重要环节，从我国领导人毛泽东同志到习近平同志，他们都特别重视在实践中提高人的素质。毛泽东就曾指出："读书是学习，使用也是学习，而且是更重要的学习。从战争学习战争——这是我们的主要方法。"习近平也曾强调要在改革的实践中提高领导改革的本领。思想政治教育工作者无论哪一方面素质的提高都离不开实践，对于新媒体技术的掌握也是同样的道理，对马克思主义比较熟悉的高校思想政治教育工作者怎样才能尽快熟悉这些新事物，一个最有效的办法就是"在战争中学习战争"。就像中国有句老话：要想知道梨子的味道，你就必须亲口尝一尝梨子。高校思想政治教育工作者尽快使用各种新媒体，亲口去尝尝梨子，亲身去体验一下"战争"，这是在新媒体环境下迅速成熟起来的最有效的不二法门。

3、开展对教师的技术培训

这是加强新媒体环境下大学生思想政治工作师资队伍建设的一条必要途径。考虑到大学生思想政治教育工作者大多在思想素质和文化素质方面已有较高造诣，故应将培训重点放在信息素质方面的提升，主要通过培训使他们熟悉各种新媒体和掌握其应用技能。

针对思想政治教育工作者的工作素质和工作中的具体要求，结合目前大多数思想政治教育工作者对新媒体技术的掌握现状，对其进行相应的技能应用培训，在设置内容时要把握几个原则。

（1）实用原则

思想政治教育工作者掌握的新媒体技术应以实用性为主导，以使用频率高、能直接在工作中运用且具有明显效益的技能为主。着重学习博客、网络教务系统等基本知识以及搜索引擎的使用、飞信短信群发、网络资源共享和下载等基本操作技术，以求在较短的时间内收到最佳的实际效用。

（2）简明原则

新媒体技术只是给思想政治教育工作者配备的一种新科技武器，说到底，它还是一种工具。因此，在强调对思想政治教育工作者进行技能培训时，不必花费过多时间去研究其中的技术理论和传播原理，而是应当以简明概括为原则，力求起到事半功倍的效果。

（3）层次原则

对于一般思想政治教育者和学校各级党政干部而言，新媒体技术可以在不同层次上发挥作用。在培训时也应该根据参与培训人员的年龄层次、知识水平、职位职务、业务能力的具体情况，因人授课，授其所需，补其所短，切不可千篇一律。

同时，还要科学选定具体的培训内容。根据高校教师目前的情况，对他们进行新媒体技术培训主要内容有：首先，了解当前主要新媒体如网络媒体中微博、贴吧、论坛以及手机媒体中的手机上网、手机搜索、手机下载的基本应用。最终紧紧围绕如何通过新媒体获取更为多样、广阔，更贴近学生群体的信息渠道这一主题。其次，还要注重培训形式的灵活性，加强管理和考核。高校可以根据不同的工作要求，针对每个教师新媒体使用技术水平的差异，采用灵活多样的形式开展培训，比如开办短期培训班、举办知识讲座、组织专题研讨会等。高校还要按照政治意识强、业务素质高、熟悉网络新媒体技术、有一定外语水平的要求，把网络等新媒体培训作为思想政治教育工作者上岗前必须接受的入职培训的内容之一。通过以上这些做法促使广大思想政治教育工作者更新观念，将对新技术的掌握变成内在需求，这样有利于大学生思想政治教育工作者队伍整体素质的提高。

五、新媒体时代大学生思想政治教育的方法创新

加强和改进大学生思想政治教育，是事关国家前途和民族命运的战略工程。在信息化条件和市场经济环境中，新传媒的发展和扩张深刻影响和改变着当代大学生的思想观念、价值取向和行为方式等，制约着大学生思想政治工作的实效。推进大学生思想政治教育新传媒载体优化创新，发展与新传媒载体相适应的教育方法，积极应对新媒体发展变化带来的新机遇、新挑战，是推进思想政治建设创新发展的重要措施。

1、新媒体在大学生思想政治教育中的优势

（1）为大学生的思想政治工作提供了新的载体和平台

新媒体技术信息容量大、资源丰富、传输快捷、交互性强、覆盖面广，与传统媒体技术相比有着根本性的跨越。新媒体技术尤其是网络已经成为现在大学生生活和学习方式的一部分，这就意味着它自然而然地成为大学生思想政治工作的重要方法和途径。有调查表明，现今有超过87%的大学生遇到生活难题的第一求助对象是搜索引擎——百度。目前很多高校通过新媒体技术对学生进行思想政治教育，已卓有成效。

（2）增强思想政治教育方式方法的灵活性

传统的大学生思想政治教育模式具有较强的单向性特征，而新媒体条件下的大学生思想政治教育工作是双向、交互、开放的。这有利于发挥教与学两方面的积极性，吸引大学生积极参与，使得大学生思想政治工作者在工作中能突破时空的局限，调动大学生思想政治教育的客体即受教育者的主动性、自主性与参与性，实现由教育客体向教育主体的转变，由此可以提高大学生接受思想政治教育的主动性和自觉性。在全面服务于受教育者的学习、工作、生活、情感等需求的同时，把正确的人生观、价值观渗透其中，对受教育者进行潜移默化的教育，可以收到更好的教育效果。

（3）增强思想政治工作亲和力、感染力和吸引力

传统方式的思想政治工作亲和力欠佳，难以融入大学生的日常生活，在很大程度上影响着大学生思想政治教育的效果和质量。新媒体传播方式多样生动，符合大学生希望平等交流的心理特征和接受习惯，有利于增强大学生思想政治教育工作的针对性和吸引力。在新媒体技术背景下，开放虚拟的网络环境，拉近彼此的心理距离，消除大学生的心理戒备和隔阂，思想政治教育主客体双方可以进行互动，发表自己的意见，畅所欲言。这无疑会增强思想政治工作的针对性和亲和力，增强大学生思想政治教育主体与客体之间的信任度。

2、新媒体时代背景下大学生思想政治教育面临的挑战

（1）信息传播的开放性增强了大学生思想政治教育的难度。

随着信息网络时代的到来和新媒体技术传媒的迅猛发展，教育者和受教育者在信息的接收上越来越趋于同步。这种信息的开放与快捷带来的变化及大学生从新媒体中获得信息的不确定性和难以控制性，给大学生思想观念和道德认知带来负面影响，从而抵消高校思想政治教育的部分效果。

（2）对思想政治工作者的媒体素养提出新要求

新媒体技术背景下，信息的庞杂性和传播途径的多元化对思想政治工作提出新的挑战。面对纷繁复杂和良莠不齐的新媒体信息环境，要求思政工作者能对新媒体信息作出客观、公正、科学的判定与分析，具备对新媒体信息传播价值取向的判断、驾驭网络传媒、抢占网络制高点、把握网上教育主动权的能力，是高校思想政治工作者新媒体素养的核心。

（3）对大学生价值取向和个性发展带来挑战

新媒体技术的发展给大学生的生活、学习带来了许多便利，也使大学生思想政治教育陷入困境。一方面大学生思想还不成熟，很容易受到新媒体意识形态的影响，在价值判断上简单化，在价值倾向上产生倾斜和偏差。另一方面，新媒体技术具有隐蔽性、自由性、开放性、

交互性等功能，同时近年来，"网络水军"已经渗透了互联网的很多地方，他们逐利性和隐匿性强，影响、扭曲甚至有时操纵着网络舆论的走向，学生容易将网络内容同现实划等号，因而出现非理性行为，给大学生价值取向和心理发展带来新的挑战。

3、对大学生思想政治教育工作的创新及思考

（1）构建大学生思想政治教育网络阵营

在新媒体背景下，构建新媒体多元平台，畅通信息传送渠道。一是建立微博平台，信息及时联动，促进学校与学生、学生与学生之间通过电脑或手机多层次、平等性交流，及时把握学生动态，广泛开展网络舆情收集，使思想政治工作和维稳工作更具主动性和前瞻性。二是采取"现实"与"虚拟"相结合的战略，做到网上引导和网下教育相结合，把新媒体的教育引导功能正确纳入大学生思想政治教育系统，完善大学生思想政治教育信息化、数字化、网络化的建设，促进思想政治教育与新媒体在教育引导上相辅相成、相互协调、交叉覆盖。

（2）解决思想政治教育者与新传媒载体相适应的观念和素质问题

在新媒体不断发展的今天，必须解决思想政治教育者的观念和素质问题，着眼增强传媒思维观念，提高媒体素质；着眼增强信息优势观念，提高信息素质；着眼增强开放互动观念，提高交往素质；着眼增强审美观念，提高人文素质。首先要树立正确的观念，改变心态，重新定位，平等交流是新媒体思想政治工作者必须树立的观念。其次是要掌握方法，摸清规律，一旦出现思想政治突发事件，不能一味地堵、删、封，而应该正面应对消极声音。这也是新媒体时代透明公正决定公信力的特征。

（3）提高大学生的新媒体素养，加强大学生新媒体自律教育

在新形势下，高等院校应将新媒体素养教育纳入大学生素质教育范畴中，开展网络道德教育，培养大学生自律意识，自觉遵守网络规范，培养学生自觉的网络责任意识、政治意识、自律意识和安全意识，培养学生的健全人格和优良的网络道德。新媒体时代的大学生不可能时刻处于思想政治工作者的视野之内，培养当代大学生的新媒体素养是根本因素。高校思想政治工作者要根据新媒体的发展以及大学生在新媒体技术下所暴露出的问题，有针对性地开展思想政治教育，提高学生分析问题的能力，增强大学生明辨是非的能力和道德自律能力，让大学生能按照正确价值观和道德观来处

理发生的问题，增强大学生的社会责任意识，确实帮助他们提高新媒体的自律能力，增强大学生的网络免疫能力和网络文化的辨别能力。让大学生运用新媒体的同时，明了新媒体遵循的基本法律法规和行为规范，具备理性对待和分析新媒体信息的能力，形成独立思考和批判意识。

（4）利用校园网教育资源，开展丰富多彩的校园文化活动

高校思想教育工作者积极组织大学生开展丰富多彩的校园新媒体文化活动，营造健康积极向上的校园文化氛围，分析研究大学生的网络表达方式和接受习惯，构建丰富的校园网络文化体系，用积极健康的校园网络文化影响他们。只有在思想政治教育中实行由"堵"向"导"的转变，坚持疏堵结合，监控和引导并重，才能占有主动地位。利用新媒体尤其是在互联网上高唱高校德育工作的主旋律，在网上大力开展大学生思想政治教育，使新媒体成为对大学生进行思想政治教育的有效渠道。在潜移默化中影响和教育大学生，抢占网络思想教育的制高点，实现社会主义大学特有的思想教育优势。利用新媒体开展学习，提高做好大学生思想政治教育工作的能力。新媒体的蓬勃发展不仅对大学生思想政治教育工作的方式方法产生了重大影响，而且对高校思想政治教育工作者的业务水平提出了更高要求。面对新形势新挑战，高校思想政治教育工作者既应不断提高政治素质和思想道德素质，确保大学生思想政治教育工作的正确方向；又应不断提高个人运用新媒体的能力，树立正确的观念，确保有效利用新媒体做好大学生思想政治教育工作。在日常管理中，应注重利用新媒体开展相关调研和测评，了解和掌握大学生的思想动态、心理状况、精神需求，使思想政治教育更贴近大学生的学习生活实际，取得更好效果。

第五章 中国优秀传统文化与大学生思想政治教育

中国优秀传统文化是中国五千年的历史积淀，内涵丰富，是我国宝贵的财富和遗产，散发着经久不息的艺术魅力。当代大学生正处于我国社会转型期和改革的深水期，各种文化思潮充斥其中，影响着人们的价值观和世界观。优秀传统文化对于当代大学生树立正确的价值观、养成良好的道德操守、坚定社会主义理想信念、增强爱国主义精神和社会责任感具有重要作用，而当代大学生能否养成正确的道德观和价值观，直接关系到我国的社会主义建设，关系到中华民族的伟大复兴和"中国梦"的实现，所以优秀传统文化与大学生思想政治教育的结合具有重要意义。

第一节 中华优秀传统文化的多重价值

一、中华优秀传统文化的当代价值

中共十八大以来，以习近平总书记为代表的中国共产党人，洞察中国与世界发展大势，先后数十次在国内国际场合发表有关中华优秀传统文化的重要讲话，全面阐释了弘扬中华优秀传统文化的时代背景、深远意义、思想意蕴与现实策略，系统地建构了新时代中国共产党人的传统文化观。全面梳理中国共产党关于中华优秀传统文化的重要论述，并以此为原点，不断发掘我们的文化软实力，不断坚定我们实现中华民族伟大复兴的理想信念。

"民族创造文化，文化也可以创造民族，可以陶冶个人。"着眼于国际国内的发展大势，中国共产党人敏锐地把握住了中华优秀传统文化这个根基，深刻阐述并全面彰显中华优秀传统文化的当代价值。这种价值，既饱含着深沉的个体性和崇高的民族性，也体现着宏阔的世界性。

（一）中华优秀传统文化对个人的价值

所谓个体价值，是指中华优秀传统文化对于每一个中国人所能发挥的教育功能。从个体视角强调中华优秀传统文化的多重教育价值，即作为一种文化样态的中华优秀传统文化在每一个人的"三观"方面的重要价值；同时，又具体指出了作为一种文化艺术形式的历史学、诗学、伦理学各自所能发挥的特殊文化教育功能。

从文化内涵上讲，中国文化倡导"观乎人文以化成天下"（《易传－彖辞》），就是"文治教化""文以化人"之意。作为本民族全体人民相对稳定的思维方式、生活习性、人格模式及社会规范的综合体，文化总是发挥着规范人们现实行为、整合本民族群际关系、引领人们思想行为的重要作用。从这个意义上讲，文化总是在潜移默化中影响着人们世界观、人生观和价值观的形成。同时，文化本身还具有同化的作用，能够在人们共同的生活与工作中涂抹上"底色"基本相同的价值观、审美观、是非观和善恶观，引领社会群体实现共同的价值取向。中华优秀传统文化中"天人合一"的宇宙观、"修齐治平"的人生观、"义以为上"的价值观，都蕴藏着培养人们正确的世界观、人生观和价值观的积极因子。走进这些中华优秀传统文化，切身感受其"文以载道""文以化人""润物无声"的教育实效，这也正是中国共产党人强调中华优秀传统文化个体价值的初衷所在。

（二）中华优秀传统文化对民族、国家的价值

1.中华优秀传统文化对民族的价值

文化是一个民族的血脉和灵魂，体现着本民族的认同感与归属感，也蕴藏着本民族的巨大生命力与凝聚力。"中华民族具有5000多年连绵不断的文明历史，创造了博大精深的中华文化，为人类文明进步作出了不可磨灭的贡献"。文化的主体是民族。中华优秀传统文化在塑造中国人的民族性格、提振中华民族精神方面的确发挥着不可替代的作用。可以从两方面揭示我们民族性格的核心内涵：一是自强不息、厚德载物的品质；二是兼容并蓄、海纳百川的胸怀。正是基于这两大民族性格，我们中华民族才能生生不息，不断薪火相传，不断发展壮大。

毋庸置疑，民族性格是一个民族在共同生产生活的基础上，经漫长的历史发展所逐渐形成的相对稳定的思想品质，而从诸多民族性格中提炼出来的核心思想与价值观念就是民族精神。"在中华民族几千年绵延发展的历史长河中，爱国主义始终是激昂的主旋律，始终是激励我国各族人民自强不息的强大力量"。中华优秀传统文化是中华民族精神的母体和根基，中华民族精神正是植根于中华优秀传统文化之中。在中华五千年文明史上，我们这个民族形成了以爱国主义为核心的团结统一、爱好和平、勤劳勇敢、自强不息的伟大民族精神。这一

民族精神是中华民族在长期共同生活和社会实践中形成的,为中华民族大多数成员所认同的价值取向、思维方式、道德规范和精神气质的总和,其博大精深的思想内涵是中华民族生命力、凝聚力和创造力的生动体现。

2. 中华优秀传统文化对国家的价值

有利于培育和弘扬社会主义核心价值观。国家层面上富强、民主、文明、和谐的价值目标,社会层面上自由、平等、公正、法治的价值取向,个体层面上爱国、敬业、诚信、友善的价值准则,共同构成了社会主义核心价值观的基本内容。这些内容是在中华民族长期发展过程中孕育形成的,积淀着整个民族最深层次的文化基因和精神追求,它们与中华传统文化中讲仁爱、重民本、守诚信、崇正义、尚和合、求大同等道德规范有着高度的内在契合性。在这一意义上,社会主义核心价值观要真正被人们内化于心、外化于行,贯穿于社会生活的方方面面,离不开对中华优秀传统文化特别是其中蕴含的民族精神和价值观念的大力继承和发扬。对此,习近平总书记指出:"培育和弘扬社会主义核心价值观必须立足中华优秀传统文化。牢固的核心价值观,都有其固有的根本。抛弃传统、丢掉根本,就等于割断了自己的精神命脉。"因此,通过深入发掘中华优秀传统文化中的思想道德精髓来巩固和涵养社会主义核心价值观,是推进培育和践行社会主义核心价值观这项凝魂聚气、强基固本战略工程的基础性工作。

有利于推进国家治理体系和治理能力现代化。国家治理体系是一个国家在经济、政治、文化、社会等各个领域制度安排的总和,国家治理能力则是运用国家制度来有效管理社会事务的执行能力,二者是一个相辅相成的有机整体。推进国家治理体系和治理能力现代化,是全面深化改革的总目标之一,这个目标的顺利实现离不开中华传统文化深厚底蕴的支撑。一方面,我国的国家治理体系深深植根于中华民族的土壤之中,它的现代化建设必须与中华优秀传统文化相适应。习近平总书记指出:"一个国家选择什么样的治理体系,是由这个国家的历史传承、文化传统、经济社会发展水平决定的,是由这个国家的人民决定的。我国今天的国家治理体系,是在我国历史传承、文化传统、经济社会发展的基础上长期发展、渐进改进、内生性演化的结果。"另一方面,坚持和发扬中华优秀传统文化是完善国家治理体系与提高执政党和政府制度执行能力的重要途径。中华民族在长期历史中形成的风俗习惯、传统美德等资源,有益于整合社会意识、协调利益关系,从而有效维护和巩固社会秩序。总之,立足于中华民族的历史文化传统,充分发挥传统文化的当代功效,是实现国家治理体系和治理能力现代化的必然要求。

有利于更好地坚持和发展中国特色社会主义。中国特色社会主义是中国共产党将马克思主义基本原理同我国客观实际及历史文化传统相结合的伟大创造,实现了道路、理论和制度三种形态的有机统一。中国特色社会主义是在改革开放新时期开创的,具有坚实的现实基础,但它更有着厚重的历史文化底蕴,深深地打上了中华文化的烙印。可以说,博大精深的中华优秀传统文化为中国特色社会主义的形成、丰富和发展奠定了牢固的基础。习近平总书记深刻阐明了这种内在联系,指出中国特色社会主义道路"是在对中华民族5000多年悠久文明的传承中走出来的,具有深厚的历史渊源"。应当清楚地认识到,独特的文化传统、历史命运和基本国情,决定了我国坚持和发展中国特色社会主义的历史必然性。习近平总书记还认为:"宣传阐释中国特色,要讲清楚每个国家和民族的历史传统、文化积淀、基本国情不同,其发展道路必然有着自己的特色……讲清楚中国特色社会主义植根于中华文化沃土、反映中国人民意愿、适应中国和时代发展进步要求,有着深厚历史渊源和广泛现实基础。"这意味着,否认自己的历史文化根基,脱离中华优秀传统文化的滋养,中国特色社会主义就会丧失生机和活力。因此,善于从中华优秀传统文化中汲取发展壮大的营养,是坚持和发展中国特色社会主义,不断增强道路自信、理论自信和制度自信的内在要求。

(三)中华优秀传统文化对世界的价值

中华优秀传统文化固然有其自身的渊源和优势,蕴涵着深刻的个体价值和民族价值。与此同时,中华优秀传统文化又积极参与世界文化的交流与互鉴,不断彰显其世界价值。习近平指出:"中国将以更加开放的胸襟、更加包容的心态、更加宽广的视角,大力开展中外文化交流,在学习互鉴中,为推动人类文明进步做出应有贡献。"文化既是民族的,也是世界的。中华优秀传统文化只有在与世界多元文化的碰撞与融合中,才能凸显出我们的民族特色,并使我们的中华优秀传统文化愈益繁荣起来。

二、中华优秀传统文化在大学生思想政治教育中的价值

(一)优秀传统文化教育是解决现代社会精神迷失、道德失范的一剂良药

直至近代,中华传统文化一直是传统教育的重要手段,讲究因材施教、有教无类、尊师爱生等,同时也是传统教育的主要内容与材料,主要学习儒家经典。近代以来,在特殊的时代背景下,为了反抗压迫、抵御侵略、救亡图存,反对封建主义,启发民众思想,宣传科学民主,五四新文化运动的激烈反传统主义者全面肯定西学,却对传统文化的传承造成了破坏性的影响。所谓"关乎人文,以化成天下",文化对社会的影响是长久而深远的。传统文化中精华与糟粕并存,但是近代以来诸多"泼脏水连同孩子一起泼掉"的做法造成的文化断层

也给社会带来了诸多不良影响。

首先,优秀传统文化教育的缺失造成社会群体精神迷失。传统文化教育重视塑造人的精神,将为学与做人、处事合为一体,求知的过程便是德行修养的过程。启蒙读物《三字经》就涵盖了天文、地理、历史、民间传说以及道德内容,这些内容融为一体,使读者在知晓天文地理知识、体味民间传说的同时明白做人的道理。同时,传统文化教育还强调"君子不器"的教育,所谓"形而上者谓之道,形而下者谓之器","君子不器"就是君子不能囿于学习一技之长,而应该志于"道"。儒家的道便是"修身齐家治国平天下",以天下为己任,达到"内圣外王"的境界。孔子说"志于道,据于德,依于仁,游于艺",意即首先要志存高远,心怀天下,其次在为人处事上要有德行,并在内心保有仁德,在此基础上,才能熟练学习礼、乐、射、御、书、数六艺。可见传统文化十分强调人精神的塑造与培养,强调教育要先塑造人的精神,再学习六艺等具体的技艺。而今天,现代教育学科划分得越来越细,知识传授得越来越多,却忽视了教育的根本——培养一个人格健全而有精神的人。《中华人民共和国教育法》中对教育目标的提法是,"教育必须为社会主义现代化建设服务,必须与生产劳动相结合,培养德、智、体等方面全面发展的社会主义事业的建设者和接班人气这个提法虽然将德放在第一位,但是过于笼统,达到什么要求才叫有"德",没有给出明确的标准,最终的教育目的是培养社会主义事业的建设者和接班人,同样是较为笼统的提法,并且在这一提法中,看不出对人精神层面的要求。当今的教育,重知识学习,重技术训练,培养了一批批科技人才、技术人才,却培养不出人文大师;培养出了一批批文学史家,却难以造就有世界影响的杰出文学家。当今重"器"而轻"道"的教育,是导致学生精神与信仰缺失的主要原因。虽然绝大多数学生从小就被教导要树立远大的崇高的共产主义理想,但是共产主义理想缺乏传统文化的根基,很难深入人心,往往只是流于口号。封建时代的士人信仰儒家思想,以建立大同社会为己任。近现代的仁人志士信仰民主与科学,要打破旧秩序,建立新中国。新中国建立后,中国人信仰马克思主义。马克思主义作为舶来品,虽然历经了中国革命的洗礼与考验,但是缺乏中国传统文化的深厚根基。而今天的教育中又缺乏实质的精神与理想教育,导致社会整体精神与信仰迷失,于是很多人都以追求金钱与物质享受为唯一人生目标,形成重享乐、好攀比、拜金等不良社会风气。

其次,优秀传统文化教育的缺失造成社会道德失范。传统文化特别强调道德教育,并将道德教育贯穿于学习的过程之中。子曰:"小子何莫学夫《诗》,《诗》可以兴,可以观,可以群,可以怨。迩之事父,远之事君。多识于鸟兽草木之名了通过学习《诗》,获得知识,修养品性。贯穿于学习过程中的道德教育是哪些内容呢?我们知道,传统文化中占主要部分的是儒家思想，而儒家强调的道德观主要是"仁、义、礼、智、信"，即"五常"，这是儒家提出的做人的基本道德准则。仁，即要有仁爱之心，"己欲立而立人，己欲达而达人。"要学会换位思考。义，即行事要公正合宜。礼，即行事要符合礼仪规范，礼是仁的外化。智，即要有是非之心，能明辨是非。信，即要诚实信用，"人而无信，不知其可。"孔子说，"德之不修，学之不讲，闻义不能徙，不善不能改，是吾忧也。"讲究道德，修养品性，始终是传统文化教育的重点所在。《弟子规》中言："首孝悌，次谨信，泛爱众，而亲仁，行有余，则学文。"我们今天的教育也提倡道德教育，始终将德育放在首位，但是几十年来，我们一直推行的是大而全的道德教育，言传多，身教少，并且由于一些历史原因，传统的道德观念、道德规则、道德价值被抛弃，新的道德体系因为没有传统道德的铺垫与基石，所以德育效果并不明显。

面对精神迷失与道德失范的社会问题，只有加强优秀传统文化教育，以全方位的优秀传统文化教育去加强学生人格塑造，增强学生人文素养，才能逐步驱邪扶正，形成良好的社会风气。

传统文化是重塑中国大学精神的思想源泉。正如亚伯拉罕·弗莱克斯纳所指出的那样：总的来说，与任何机械的方法和任何组织相比，大学的精神是高水准的更有效的保证。尽管中国大学理念和大学制度都是西方大学理念和大学制度传入中国的产物，但20世纪初中国大学精神不像一些人所认为的是西方的，它的真正源头在中国丰厚的文化积淀中。从"兼容并包，思想自由"的北大精神到"自强不息，厚德载物"的清华精神，以致后来"允公允能"的南开精神，无不渗透了传统文化的思想精髓。在大学精神日渐式微的今天，中华传统的教育思想，如自由精神、独立精神、人文精神、道德精神等都闪烁着穿越时空的智慧之光，对重塑中国大学精神具有极其重要的借鉴意义。

（二）加强优秀传统文化教育是面对多元文化增强中华民族文化认同的必要举措

就中华传统文化而言，文化多元并存与同化融合是文化发展史上始终存在的相互交织的两条主线。有春秋战国时期的百家争鸣，才有秦汉时期的大一统；有魏晋南北朝时期的文化大融合，才有隋唐时期的文化鼎盛与国家一体化；有辽金元少数民族文化入主中原的激荡与融合，才为中华文化增添了更多的少数民族文化成分。"'多元'与'一体'犹如两条河，时显时隐，交互影响，相互制约，构成了中华民族多元一体格局中亘古不变的永恒主题"。21世纪的今天，全球一体化深入发展，传统的文化多元化也面临政治经济一体化带来的挑战与冲击。欧洲航海的大发现和殖民体系的瓦解，使多元文化之间的交流与冲突日渐显现，并呈现出两股强劲的势头：一是以西方现代化模式为参照的一体化在全球范围内的渗透与扩充，二是以反西方或反现代化为标榜的民族主义的复活。在传统文化教育缺位的当今社会，面对西方现代化模式为参照的一体化在全球范围内的广泛渗透与扩充，我们的应对明显不足。今天的青少年热衷于圣诞节、情人节、光棍节，却冷落中国的传统节日，鲜有人清楚清明节、春节的文化渊源。热衷于学习英语，却难以用汉语写出一篇优秀的文章。在当今文化多元化的交融中，传统文化教育缺位，导致了青少年痴迷现代化的西方文化，而不了解中国的传统文化。我们需要学习西方民主、创新等优秀文化，但是我们更需要在立足于我国优秀传统文化的基础上去学习西方。只有立足于自己的优秀传统文化，广泛认同自己的优秀传统文化，我们才能抵御西方文化的强势冲击，树立文化自觉。因为，民族是一个主体，吸收外来文化要为民族服务，使我们这个民族更加发达兴旺。但是不能丧失民族文化的独立性，不能完全跟着人家学，应该发挥自己的主动精神和创造精神。"在文化演变过程中，既要吸收外来文化，又要保持自己文化的独立性，这样文化才能健康地发展。

　　传统文化是现代大学教育民族化的重要支点。历史悠久的传统文化孕育、形成了中华民族的民族精神、民族心理、民族文化和民族传统，构成了中国教育现代化和大学教育国际化的基础和根源。传统文化中蕴涵的思想精华是大学生素质教育的重要素材，对于加强大学的文化素质教育有着不可估量的价值。传统文化有利于大学生民族精神的培育和健全人格的养成；有利于大学生思想道德与综合素质的提高。要实现中国大学教育的民族化，必须尊重中华民族上下五千年的历史，必须植根于中华民族的传统文化之中，努力发掘传统文化中蕴涵的丰富教育思想与文化价值，并作出符合中国实际并契合世界发展需要的合理解释，在此基础上吸收人类一切文明成果并予以现代性转化，走出一条既具有国际化又充分体现民族化的中国现代大学教育之路。

第二节 传统文化融入大学生思想政治教育的重要意义

　　中国优秀传统文化是我国宝贵的精神财富和教育资源，展示着独特的艺术魅力，在社会主义建设的新时期，其对新时期的思想政治教育工作也发挥着相应的指导和借鉴作用，具有十分重要的意义。

一、引导大学生树立正确的世界观、人生观和价值观

　　华夏文明几千年，积累了许多的优秀传统文化，儒学、道学、佛学、易经、中医、武学、

文学、书法、绘画、饮食、民族工艺、戏曲……可以说不胜枚举，瑰宝甚多，用四个字概括中国优秀的传统文化，那就是"博大精深"。在这博大精深的中国传统文化里面，中国传统教育重视受教育者的道德修养。传统教育注重培养德才兼备、具有"圣人""君子"品格的人，所以古代教育不是纯知识技能性教育，而是全面培养受教育者人文品格之教育。从古代教育教学繁多的科目可见分晓，它包括了礼、乐、射、御、书、数等，这些都只是作为全方位培养受教育者人文品格的必备项目而已，射、御、书、数等仅是一种技能而非终极教育目的，其目的最终是为了提升个体的道德精神和人文品格。

崇尚道德是中国传统文化的首要价值取向。儒家认为实践道德的生活，才是人类最理想最完美的生活。在传统中国，个人追求的就是有道德的理想人格，以期达到充满道德的理想生活。子曰："仁乎远哉？我欲仁，斯仁至矣！"通过人们的努力实现"天下归仁"。在崇尚道德思想的规范下，德行构成文化教育的中心内容，中国的传统教育主要不是知识教育，而是伦理教育，认为道德教化和人格修养才是人生之要件，纯知识的追求是次要的，是第二位的。这种将道德教育，亦即做人的教育放在主导地位的教育思想对当代大学教育仍有借鉴意义。

在当今社会，传统的道德价值观受到西方多元化价值观的冲击，一些不利于培养大学生正确道德价值观的信息侵入大学生的生活，一定程度上造成大学生的迷茫。但是优秀传统文化为大学生们提供了优秀的道德典范，对大学生价值观的形成具有重要的导向作用。如孔子的思想及言行，以及曾国藩、文天祥、梁启超等中国古代的仁人志士，他们身上散发出来的高尚情操和爱国主义精神，对大学生具有深刻的教育作用，为大学生提供了道德实践的参考和典范，大学生可以从古代先贤身上吸收很多为人处世的道理。

可见，中国优秀传统文化对当代大学生的思想政治教育的重要作用是不言而喻的。中国优秀传统文化都是经过几千年积淀，是先贤们经过不断探索研究的结果，最终使其精妙绝伦，精辟无比，其中蕴涵着大道理、大智慧，不仅对当时的社会意义重大，而且经过后人的"取其精华，去其糟粕"，对历史现实也有重大的指导作用，影响了一代又一代的中国人，甚至是外国人。

传统文化融入当代大学思想政治教育有助于大学生树立正确的世界观、人生观、价值观。而树立和坚持正确的世界观、人生观、价值观是一个长期的艰苦的过程，必须要有坚忍不拔的毅力，甚至要牺牲个人的一些利益，只有这样，才能像毛泽东同志所说的，成为一个高尚的人，一个纯粹的人，一个有道德的人，一个脱离了低级趣味的人，一个有益于人民的人。

传统道德文化对提高大学生的思想文化素养具有积极作用，中国优秀传统文化中蕴涵着丰富的精神养料，包括科学艺术、思想观念、道德规范等各个方面，学习中国优秀传统文化有助于提高学生的文化素养，有助于塑造大学生的理想人格，特别是中国优秀传统文化注重人与人关系的营造，注重集体主义和社会和谐，这就有利于大学生养成"仁爱孝悌"的传统美德，这对培养学生正确的世界观、人生观、价值观具有重要意义。

我国的改革开放正在不断地向纵深发展，从传统计划经济形态向新的市场经济形态的转化是一场深刻的社会变革。市场经济具有强大的改造力量，它有可能将一切都吞没在急功近利的欲望之中，还隐藏着反文化的旋涡、潜流和暗礁，甚至会出现令人担忧的文化沙漠化，会造成精神家园的荒芜和民族文化之失落，致使狭隘的功利主义、拜金主义、个人主义泛滥。

所以，在高科技和经济飞速发展的时代，更应该呼唤人文精神，在创造物质文明之同时要加快建设社会主义精神文明，大学生在向科学进军之同时要努力提高自己的人文素养。

二、大学生树立民族自信心和自豪感

从世界的情况来看，第二次世界大战以后，法国、日本、德国等资本主义国家也曾出现过一股全盘批判和否定本国历史的思潮，其结果是对过去的社会感到幻灭，对国家、民族的前途感到迷惘。在一部分青年中，平常被视为神圣的"民族""国家""理想"渐渐失去了昔日的光彩，失去了往日激动人心的力量，随之而起的是自我中心主义，追求个人欲望的满足，追求与理性脱节的个人自由，整个社会陷入虚无主义、悲观主义的泥淖，以致酗酒、自杀、性混乱等现象泛滥。由此可见，维护高校稳定，激发学生的民族自尊心、自信心，树立民族自豪感，振奋民族精神是非常重要的。而要做到这一点，加强学生的传统文化教育是关键，是行之有效的重要途径。

三、提高大学生思想教育的实效性

优秀传统文化应用于大学生思想政治教育，有利于提高大学生思想教育的实效性。因为文化具有更强的渗透性、持久性，而中国优秀传统文化具有深厚的历史内容，这些内容很容易影响大学生的思想情感，而带来"润物细无声"的效果，内化为大学生的思想品质和外在品行。传统的中国文学、戏曲、书法、礼仪等文化资源，又可以为大学生思想道德教育提供更多的切入点，在这种文化的浸染下，可以充分调动大学生学习的积极性、主动性，提高其学习思想政治的兴趣，引起共鸣，而不是照本宣科地说教式教育，这为进一步扩展大学生思想政治教育的途径和方法提供了可能，让思想政治教育的方式多样化、丰富化，能够极大地提升大学生思想教育的感染力和吸引力，从而提高大学生思想政治教育的实效性。

四、影响着我国整体的校园风尚

校园文化是大学的风骨,每所大学都有自己的校园文化。一所知名的大学必然有其自身独特的文化,以北大为例,经过历史的洗礼,北大形成了"爱国、进步、民主、科学"的传统——与祖国同呼吸、共命运的"北大精神",北大精神激励了一代代师生团结奋进,很多重要的人物都是受到北大精神的影响,成为国家的栋梁。大学是大学生学习和生活的主要场所,也是大学生进入社会之前的最后一站,所以大学校园的环境和氛围,一定程度上影响着大学生的成长成才。大力弘扬中国优秀传统文化,发扬优秀传统文化的魅力,通过多种渠道营造积极向上、底蕴深厚的校园文化,为大学生思想政治教育提供良好的环境是十分必要的。我国整体校园风尚的提升,可以对大学生的思想、理想、信念都带来影响,提高学生明辨是非、去伪存真的能力,更好地完善和发展自我。

五、拓宽大学生的学习视野

特定的年龄阶段决定了大学生的求知欲最强烈,对精神食粮的需求最大,他们渴望学到新鲜知识,期望尽快成长。大学这个新天地正为他们吮吸各种文化知识与思想理论敞开了大门。时不我待,不抓住时机对他们进行有说服力的系统化的思想意识教育,其他形形色色的思潮就会乘虚而入,以至于引发不只是高校,甚至是整个社会的不稳定,这方面的教训是非常深刻的。对大学生进行传统文化教育,有利于拓宽大学生的学习视野。中国传统文化源远流长,历经五千年的丰富和发展,不断地创新和进步,它浓缩了我们祖祖辈辈的心血。通过对传统文化的学习,大学生不再囿于目前的思想,他们会打开思路,联想古今,立足实际,求实创新,不断进取。在此要特别指出,我们所提倡的传统文化,是经过"扬弃"的传统文化,即按照辩证唯物主义和历史唯物主义的观点和方法,结合中国特色社会主义建设的实际,去其糟粕,取其精华,是适应并能促进社会主义和谐社会建设的中国传统文化。大学思想政治教育是高校教育工作的主要内容,关注的是人的本身与人的精神需求。其目的在于引导大学生形成正确的人生观,寻找人生的价值和意义,也是为了培养在新的历史条件下符合时代发展需求的德才兼备的人才,从而教育学生学会做人。而这些目的的实现,教育内容和途径是关键,因此,我们要融入传统文化的教育内容和形式,这对当代大学生的思想政治教育极具现实意义。

六、传统文化拓展了当代大学生思想政治教育的渠道

传统文化不仅丰富了大学生思想政治教育的内容,而且拓展了思想政治教育的渠道。中国传统文化重视人格修养,强调律己修身。《礼记·大学》中说:"自天子以至于庶人,壹是皆以修身为本。"就是说上至天子,下至平民,一切都要以修身为做人处事的根本。只有"修身",实现自我发展与自我完善,才能齐家治国平天下。在传统中国的发展历程中,我们形成了一整套富有中国特色的修养方法,如慎独、内省、自讼、主敬、集义、养气等。其中最有代表性的就是曾子所说的"吾日三省吾身",它体现的是一种自觉自律的道德要求,这正是优秀品德形成的内在动力。对大学生进行这方面的修身教育,可以充分激发他们的主体意识,把"你应如何"的外在要求,变成"我要如何"的内在律令,这将会极大地提高思想政治教育的实效性。

七、传统文化对当代大学生思想教育富有价值导向功能

中国传统文化以人为本,顺应人的成长规律,促进人的发展,提升人的精神境界,它对人们价值观的确立发挥着激发人们的情感、提升人们的需要、调整人们的利益、激励人们追求崇高的价值目标等功能。同时,中国传统文化中蕴含着中国人的许多价值判断标准,对于人们树立科学的价值观具有指引作用。

(一)传统文化的价值导向功能的主要表现

1. 广泛的传统文化教育是良好的校园道德环境形成的基本条件

大学校园是同学们学习和生活的主要场所,他们在这里度过人生最宝贵的时光,这里也是接受正规教育的最后一站。"环境塑造人才",所以校园环境影响着学生们的成长。中国优秀的传统文化教育将会为同学们提供一个良好的校园文化氛围,引导着学生朝着社会所期望的方向发展,从而正确地辨别是非、真伪,提高学生鉴赏真善美的能力,实现自我完善和发展。

2. 传统文化的教育能够有目的地引导大学生的价值取向

中国传统文化中含有的人生观、价值观因素无不带有对现有价值观念的肯定或否定,内含着什么应该想,什么不应该想;什么应该做,什么不应该做;也蕴含着应怎么想、怎么做等对大学生价值观的形成具有导向性的因素。这些具有导向性的因素浸润在大学校园里,对大学生产生潜移默化的熏陶和感染,从而丰富了他们的人生视角,使他们获得了新的价值尺度。这种新的价值尺度,引导学生不断自我反省,自我超越,逐渐选择并形成新的符合社会

发展的价值体系。

3. 传统文化的教育为大学生的道德实践提供行为参照

在现代社会，传统价值体系面临挑战，错误的价值信念有所扩张，大学生面临着种种的选择困惑。在这种情况下，我们要运用优秀传统文化为大学生世界观、人生观和价值观的树立提供参考。

中国五千年的文明史中存在着许许多多值得我们学习的榜样，他们道德高尚、品行端正，可为人师。如舜帝，他是一个完美的"圣人"，修身齐家治国平天下在他的身上得到了完美的体现，舜帝成了儒家道德理想的人格化身，是我们后人效仿的践履道德之榜样。还有曾国藩，现在很多人都在研习《曾国藩家书》，例子不胜枚举。大学生可以从他们身上吸取到很多自己做人做事的道理。

价值观是大学生思想政治教育的灵魂，在多元道德、理想信念等价值文化并存与碰撞的社会环境中，思想政治教育主流价值的导向作用，必须坚持马克思主义在意识形态领域的指导地位，牢牢把握社会主义先进文化的前进方向，弘扬民族优秀文化传统，借鉴人类有益文明成果，倡导和谐理念，培育和谐精神，进一步形成全社会共同的理想信念和道德规范，夯实全国各族人民团结奋斗的思想道德基础。

（二）中国传统文化的现代价值的主要体现

中国传统文化源远流长，历经五千年依然光辉璀璨，原因就在于传统文化在不同历史时期、不同发展阶段都具有存在的价值和理由。概括地说，中国优秀传统文化蕴涵着极为丰富的思想政治教育资源，历经几千年的积淀、筛选和发展，今天仍有强大的生命力和教育价值，与当前大学生的培养目标相一致。具体包含以下几方面内容：

（1）"国家兴亡，匹夫有责"帮助大学生树立爱国主义情怀和社会责任感。中华民族之所以能在漫长的发展史上历经坎坷而巍然屹立于当今世界，其中最重要的原因就是中国传统文化中蕴涵着"国家兴亡，匹夫有责"的爱国主义精神。这种爱国主义情怀是中国传统文化中最可贵的精华，也是海内外炎黄子孙民族凝聚力的源泉。爱国主义就像一条红线，贯穿于中华民族的精神结构和文化心理结构之中，世代相传。一批批杰出的人物和爱国志士为了祖国的前途和命运鞠躬尽瘁，直至牺牲自己的生命也在所不惜，这无疑是爱国主义精神的生动体现。对于思想政治教育来说，深入挖掘这种以对国家民族的关注、以天下为己任的爱国主义教育资源，将有助于培养大学生的爱国主义情怀和历史使命感。

（2）"天人合一"的思想帮助大学生树立环保思想和整体主义思想。"天人合一"的思想是中国传统文化的核心内容，也是中国传统文化的独特境界。"天人合一"指的是"天道""人道"的和谐统一,主要表现在两个方面:一是提倡人与自然的和谐统一;二是倡导以"仁爱"为思想基础的人际关系的和谐统一。"中国文化比较重视人与自然的和谐,而西方文化则强调征服自然,战胜自然。"在追求人与自然的和谐关系中,中国先哲阐述了丰富的生态伦理思想。《春秋繁露·阴阳义》中有"天亦有喜怒之气,哀乐之心,与人相符。以类合之,天人一也"。这是儒家的"天人合一"思想。《老子》中说:"人法地,地法天,天法道,道法自然。"《庄子·齐物论》中说:"天地与我并生,而万物与我为一。"这是道家的天人合一思想。这种"天人和谐"与当今提倡的人与自然和谐相处的科学发展观不谋而合,也是人类在与自然相处的过程中所追求的至善至美的精神境界。在大学生思想政治教育中汲取传统文化中的这种和谐因素,可以帮助当代大学生树立牢固的环保意识,促进人与自然的和谐,保证我国社会经济的可持续发展。

儒家所讲的"修身、齐家、治国、平天下",其最终目标主要是要达到第二种和谐,即以"仁爱"为思想基础的人际关系的和谐统一。这种仁爱之德首先是建立在孝敬父母与友善兄弟的基础之上。当仁爱被向上提升、普及到社会大众的时候,仁爱成为"四海之内皆兄弟""老吾老以及人之老,幼吾幼以及人之幼"直至"大同世界"的最高境界。儒家在以"仁爱"思想来处理人际关系时,提出"贵和持中""己所不欲,勿施于人""己欲立而立人,己欲达而达人"等思想,这对于今天以自我为中心的某些大学生来说具有重要的借鉴意义。

(3)"刚健有为,自强不息"培养大学生积极进取的精神。"刚健有为、自强不息"是中华民族精神的重要组成部分,深藏于中国传统文化之中,是中国人积极的人生态度最集中的理论概括和价值提炼。孔子在创立儒学时,就十分注重以"三军可夺帅也,匹夫不可夺志""刚健奋进""发奋忘食""自强不息"为主要内容的文化精神的建构。《论语》中曾经指出:"发愤忘食,乐以忘忧,不知老之将至"。《礼记·大学》提倡"苟日新,日日新,又日新",则反映了儒家日新不已、奋斗不止的人格观念。老子强调"知人者智,自知者明;胜人者有力,自胜者强;知足者富,强行者有志,失其所者久"。孟子主张人要以实现大道为己任,做艰苦的努力,从而感受人生的最大乐趣。"万物皆备于我矣。反身而诚,乐莫大焉。"《易传》进一步发展了儒家的思想,特别强调指出:"天行健,君子以自强不息;地势坤,君子以厚德载物",这也是对自强不息精神的真实写照。此外,"精卫填海""夸父追日""愚公移山""大禹治水"等故事,核心就是对这种自强不息精神的礼赞。

正是这些哲学思想和经典故事,千百年来一直激励着中华儿女为了理想不惧艰难,奋发向上,在挫折厄运面前抗争奋斗,刚健自强,在艰难困苦中愈挫愈勇,永不向命运低头。在新的历史条件下,将这种自强不息的民族精神渗透并应用于大学生思想政治教育过程,对于加强理想信念教育，倡导积极进取、奋发向上的人生观，具有重要的影响和启发作用。

（三）传统文化与大学生思想政治教育结合的意义

中国传统文化是中华民族五千年文化积淀的成果，不但在古代展现出了其独特强大的艺术魅力，就是在今天，对新时期的思想政治教育工作仍具有指导和借鉴作用。吸收中国优秀传统文化，对于开展新时期大学生思想政治教育工作有着继往开来的战略性意义。

1. 中国传统文化为思想政治教育内容提供了丰富的教育资源

根据中共中央、国务院《关于进一步加强和改进大学生思想政治教育的意见》和胡锦涛总书记在全国加强和改进大学生思想政治教育会议上的讲话精神，大学生思想政治教育的主要任务包括四个方面的内容：人生观教育、民族精神教育、公民道德教育及素质教育，中国传统文化蕴涵了这几方面的内容。

传统文化可以为大学生世界观、人生观、价值观教育提供文化资源支撑。一是世界观方面。"天人合一"思想传递出了一种普遍的生命意识，它所表现出的生命关怀，敬畏生命的追求有利于当代大学生和谐意识和生态伦理意识的培养。二是人生观方面。"刚健有为，自强不息"精神对提高大学生面对挫折的承受力，对砥砺大学生健康成长是极为可贵的。三是价值观方面。中国传统文化中强调的人生最高目标是以天下为己任的爱国精神，可以增强大学生的民族自豪感和自尊心，弘扬民族精神。

2. 中国传统文化使思想政治教育的形式更加丰富，增强吸引力和渗透力

文化具有渗透性强、影响持久、形象、生动、主观等特点。中国传统文化道德观念有着丰富的情感化历史内容作支撑，更容易引起受众联想，在不知不觉中受到其熏染，也就更容易引起大学生的共鸣。这样，思想政治的影响方式就由灌输变成了唤醒，进而达到道德观念的"润物细无声"的目的。其次，中国传统的文学、音乐、戏曲、诗词、绘画、书法、雕塑、服饰、礼仪及民族手工艺等有形的传统文化资源可以为思想政治教育提供很好的视角。在文化的熏陶和浸染中进行思想政治教育，能最大限度地调动学生的积极性、主动性和创造性，增强思想政治教育的生动性和感染力。此外，传统文化的覆盖面广，影响范围大，这就扩大了高校思想政治教育的影响，使其作用在最大范围内得到全面实现。

3. 中国传统文化为思想政治教育提供了教育原则和方法

（1）注重言传身教的原则。孔子说："君子之德风，小人之德草。草上之风，必偃。"在孔子看来，君子是道德的楷模，是用道德的力量征服人心的。他还指出："其身正，不令而行；其身不正，虽令不从。"因此，他强调建立以道德示范为特点的教育方式。这些都说明了身教的示范和导向作用，应该值得借鉴。

（2）道德教育与内心自省相统一的方法。中国传统文化特别重视心理感化的作用，提出了"内省""慎独"的修养方式，"见贤思齐焉，见不贤而内自省也"，这些道德修养方式，经过批判地改造，被赋予新的内涵，不失为一种很好的教育方法，可供大学生们借鉴和运用。

（3）道德教育与知识教育相统一的方法。中国古代教育家强调以德育为首，同时也重视知识教育的作用。"君子务本，本立而道生"，"行有余力，则以学文""未知焉得仁？"这些给我们当代思想政治教育以重要启示：在强调知识教育的同时，不应该忽视道德教育，应挖掘其隐性德育资源，促进大学生德育与智育共同发展。

（4）道德认识与道德行为相统一的方法。中国传统道德还特别重视"知"与"行"统一，"一个人仅仅懂得了应当怎样做人，并不是真有道德，只有按照道德规范认真去做，才算真有了道德。"孔子认为，衡量一个人品德的好坏，不仅要"听其言"，更要"观其行"。现阶段的思想政治教育工作不仅要让学生知道什么是道德，还要让他们形成道德体验，亲自实践，日积月累地养成良好的思想政治道德素质，做到知行统一，方能积善成德。

4. 优秀传统文化有助于大学生养成崇高完善的道德品质

大学生的思想道德素质、科学文化素质和身心健康素质能够全面和协调的发展，是高校思想政治教育的根本目标。传统文化对大学生的影响具有全面性，既包括科学知识、专业技能的影响，又包括思想观念、道德规范等的影响。中国优秀传统文化注重从人与自身、人与他人、人与群体的关系三个方面进行探讨，为当代大学生正确处理人际关系提供了可借鉴的原则和方法，形成了中华民族的一系列传统美德。"仁爱孝悌"是中华民族美德中最具特色的部分。这些传统美德，有利于化解大学生内心的冲突，使其保持一种和谐、和顺的心理状态，有助于其塑造理想人格，形成崇高完善的道德品质。

第六章 创新社会管理在思想政治教育中的运用

第一节 创新社会管理的理论基础和大学生社会性分析

一、创新社会管理概述

（一）相关概念要素

1. 社会管理的内涵和功能

社会管理主要是指政府和社会组织综合运用各种管理手段对社会各个环节进行组织、控制和监督，以维持社会秩序、解决社会矛盾和问题，实现社会健康全面发展，为人类社会生存和发展创造健康有序的社会环境。它是政府干预协调、非政府组织为中介、基层自治为基础、公众广泛参与的互动过程，是中国特色社会主义事业总体布局之中社会建设的重要组成部分。"社会管理的目的在于满足人类多样化的需求，协调社会生活系统各组成部分的利益，通过制定社会规则并运用一定手段来实现建立在公平正义价值基础上的社会进步"。其直接目标是通过建立一套良好有效的管理体制来实现社会善治，促进社会发展，其主要功能表现在以下几个方面。

（1）社会管理能够维持社会良性运行

市场经济条件下，经常出现资源分配不平等，财富、收入两极分化等现象，因此，要靠市场的自发调节和政府的干预对资源进行分配。政府通过制定规则、采取社会管理的方法来弥补市场的不足，使社会良性运行。

（2）社会管理能够使社会资源得到有效整合

社会需求的多样性、社会资源的分散性和社会利益的多元化，导致政府不可能全面照顾到各个群体的利益，因此，社会组织的功能就彰显出来。这类社会组织更贴近民众，更容易发现民众的特殊性需要，并且在整合社会资源方面比较灵活。社会组织运用社会管理的方法对资源进行整合和再分配，重新调整资源的分布，能够更好地满足不同利益群体的特殊需求，因此在运作中更有效率。

（3）社会管理能够提高公民参与管理的积极性

社会管理强调政府干预，基层自治，公众积极参与。公众参与是指通过提高民主政治建设程度和水平，提升社会组织民主参与、监督和管理的能力，使中国特色社会主义政治制度不断健全，是人民当家作主的有效实现形式。人们通过参与各类社会组织，在与组织其他成员交往中习惯组织生活，使人们从小集体中脱离出来，形成一种与现代社会相适应的权责意识和参与意识，这些变化使个人主义和集体主义在真正意义上结合起来。所以，社会管理能够提高民众参与管理的积极性，促进社会良性发展。

2. 创新社会管理

创新社会管理是指在现有的社会管理条件下，为了实现社会管理的目标，运用现有资源和先进的社会管理理念、方式、机制等，改造传统管理模式和方法，构建适应新形势的社会管理体制的过程。创新社会管理特别是社会管理体制改革，是我国改革开放的第二阶段，我们要在科学发展等观点的指导下从以下几个方面对社会管理进行创新，不断推动社会管理体系的自我完善和发展。

（1）创新理念

社会管理理念是一个不断进取和发展的过程，正确的社会管理理念是促进社会健康发展的内在基础。要树立正确的社会管理理念，就必须在社会主义核心价值观的指导下，根据当前社会的发展变化及时创新社会管理理念。

第一，树立寓管理于服务的理念。寓管理于服务的社会管理理念要求实现管理与服务的统一，在服务中体现管理。政府不仅要认识到其在社会事务中"管理者"的身份，更应该作为公众的"服务者"，在社会管理过程中充分关心人、尊重人，实现管理与服务的统一，从人民群众的切身利益出发，满足群众的需要，建立服务型政府。社会服务的内容要根据广大群众的新需求不断丰富，服务对象要根据新形势的要求不断扩大，服务方式也要更加多样化、人性化。要不断丰富社会服务的内容，包括完善社会保障和社会福利、公共卫生、教育、医疗、就业等服务，更好地满足人们的多样化需求。要推动社会基本服务的均等化，把基本公共服务的差距控制在可承受的范围内。同时，以群众的需求为出发点，推动基层公共服务，加快建设公共服务的信息化平台，使公共服务更加人性化。

第二，树立多方参与、公共治理的社会管理理念。要建立"党委领导、政府负责、社会协同、公众参与、法制保障"的社会管理新格局，这种治理型管理体制能够促使社会协同、公众参与的程度不断提高。公共治理主要是指"依靠多元化主体之间的互动来实现公共管理目标的社会管理活动，它体现的是更小的政府和更多的治理，即把政府、非政府组织与企业组织互动的关系模式定位为掌舵者和划桨者"。社会管理主体多元化要求社会管理的权利运行要上下互动，在社会管理过程中各个主体要互相协商，共同参与。同时，社会管理各个主体要增强自身的参与意识和能力，积极主动地参与社会管理工作。

第三，树立以人为本的社会管理理念。社会管理的终极价值，不仅在于维系社会的生存和运行，更是为了促进人类的全面自由发展。人本管理强调把社会管理的着眼点从对"物"的管理转向对"人"的管理，将"利用人"的工具理性与"为了人"的价值理性有机结合，它的核心价值观是以人为本，尊重人，关心人，满足人的合理需求。社会管理政策的制定要以公共利益、国家利益为主导，密切关注并认真回应公共利益和人民群众的诉求，在政策活动中要依据人民群众的需要，依法解决社会矛盾和冲突。

（2）创新方式

我国社会结构的发展变化使社会利益格局呈现多元化的发展特点，随即产生的新的社会问题亟待解决，单一的社会管理方式已经不能满足社会发展的实际需要。因此，要不断探索一些新的管理方法和手段，实现社会管理方式的创新。

第一，强化柔性管理。在各种矛盾不断凸显的社会转型期，单纯依靠行政手段，通过管、压、罚等消极的方式进行社会管理，不仅会导致旧的社会矛盾不断扩大，而且还会引发新的社会矛盾，影响社会的稳定和发展。在社会管理过程中，要创新社会管理思想，转变管理方式，强化柔性管理，树立统筹兼顾的社会管理理念，在综合运用政治、经济、法律手段进行社会管理的同时，引入心理疏导、舆论引导、道德约束等新的手段，要做到尊重民意，通过沟通协商化解社会矛盾，发挥柔性管理的作用。

第二，增强管理的主动性。创新社会管理方式，就必须在充分发挥政府在社会管理中主导作用的同时，转变社会管理被动解决问题的传统模式，鼓励社会各方积极参与到社会管理之中，增强社会管理的主动性。改变社会管理中重管理、轻协商的模式，不仅要运用行政手段，而且还要发挥多元主体的优势，注重协商和沟通，运用协商、民主、服务的方式解决社会问题，构建治理型社会管理模式，主动维护社会稳定。

第三，加强网络建设。我国互联网技术的飞速发展使得诸多网络社交平台成为公众交流必不可少的新工具。借助网络进行社会治理，创新社会管理方式，在社会管理中将网络作为与群众沟通的新桥梁，利用网络平台与群众对话，能够及时掌握群众动态，实现从源头上进行社会管理。要将网络作为社会管理的新渠道，加强网络建设，建立健全网络舆情引导机制，通过分析网络舆情深入了解和解决群众面临的实际困难。

（3）创新内容

伴随着社会的不断变化发展，民众对社会管理的要求也愈发严格。面对社会中产生的各种新问题，社会管理不仅要在管理理念和方式上与时俱进，创新社会管理体制，还要对社会管理的内容加以创新，才能更好地发挥社会管理的作用，促进社会的高效运行，实现社会长治久安。

第一，社会管理内容更加符合我国国情。正确认识国情是坚持正确的社会管理方向的基础。党的十八大报告指出："我国仍处于并将长期处于社会主义初级阶段的基本国情没有变，人民日益增长的物质文化需要与落后的社会生产之间的矛盾这一社会主要矛盾没有变，我国是世界最大发展中国家的地位没有变。"因此，我国社会管理必须立足于社会发展的实际状况，针对社会管理存在的一些问题，对社会管理的理念、方式和体制进行创新，使社会管理内容更加符合国情，形成符合时代发展要求的社会管理模式。在新型的社会管理格局中，社会管理内容更加关注与新形势的结合以及对新社会热点问题的关注，立足于社会发展的实际需要，着力解决社会成员最关心的社会问题，维护群众的根本利益，处理好转型期机遇和矛盾并存的社会问题，促进社会有序运行。

第二，在创新社会管理中必须注重社会主义核心价值体系的运用。在现阶段社会转型的背景下，多种价值理念相互碰撞，社会管理面临着更为复杂多变的社会环境，这就需要在创新社会管理内容的过程中，把社会主义核心价值体系作为社会管理创新的指导思想和价值标准，坚持马列主义的指导地位，促使社会成员树立共同理想，在社会中形成符合社会发展要求的价值追求和利益认同观，引导和规范社会成员的行为，以整合社会力量，缓解社会冲突，保障社会成员的根本利益，促进社会管理的创新和发展。

第三，在社会管理过程中更加注重秩序管理。社会秩序创新是指创新政府对社会秩序的管理，将各种社会冲突和失范行为控制在社会可承受的范围内，保障社会有序运行及和谐稳定，为经济发展和人们生活创造良好的环境。当前我国正处于社会转型期，社会经济成分、就业方式、利益格局等都呈现多元化的发展趋势，加之网络对现实社会的影响越来越大以及人口流动性的增强，导致发展中的不平衡问题日益显现出来，许多社会矛盾和社会问题日益严峻，社会不协调因素更加活跃，这些状况都增大了社会管理的难度。只有在社会管理中注重社会秩序管理，加强社会治安防控体系建设、网络舆情管理创新，才能应对社会风险，化解社会矛盾，促进社会和谐稳定发展。社会管理创新的各个方面是统一体，在社会管理创新过程中要多方同时推进，但是在不同时期有不同重点，在操作上有主有次，要从易到难、积极稳妥地推进社会管理创新。

（二）创新社会管理对高校思想政治教育的要求

创新社会管理的现实意义来源于社会发展的现实需要，来源于社会管理主体对加强管理能力和完善管理格局的实际状况，来源于其他社会成员共同参与社会管理、优化管理结构的迫切要求。党和政府的一系列重要文件及讲话精神都相继提出和明确了加强和创新社会管理工作的根本目标、基本方向以及总体要求，构建社会主义和谐社会是社会管理新的目标要求，社会管理是一项社会工作，肩负着为构建和谐社会提供制度保障的重要意义，和谐社会的"和谐"代表着社会系统各部分、各要素关系的协调发展，整体系统良性运行，需要每个社会成员的共同参与和社会管理制度的强有力保障，必须要最大限度地激发社会创造生命力，最大限度地增加社会和谐因素，最大限度消除妨碍社会发展的各种不和谐因素。创新社会管理在构建和谐氛围、保证社会发展方面具有十分重要的意义。总之，强化创新社会管理有利于化解社会矛盾，保持安定团结的局面，激发各种社会力量，增加社会创造活力，满足和保障成员需要及利益。创新社会管理的现实性意义也是对高校思想政治教育提出的新的要求，对社会管理提出的新的目标与方向要求，也是对高校思想政治教育提出的目标与方向要求，如何更好地实现高校思想政治教育对创新社会管理产生的重要影响和作用，如何使高校成为创新社会管理的重要阵地，如何使当代大学生成为创新社会管理的重要力量与促进因素，这些都是在强化创新社会管理现实意义背景下必须要思考的关键问题。

我国当前正处于发展的黄金阶段，也是一个社会矛盾凸显期。我国经济社会发展处于关键时期的特点对社会管理提出了更高、更严格的要求，这就要求我们在继续做好以改革促进发展的同时，也要认真做好各项思想政治教育工作，化解社会矛盾，确保社会稳定、和谐。当代大学生作为思维最敏捷的群体之一，他们本身所承受的学业、心理、就业等方面的压力比过去都增加了，极易出现思想问题，因此创新社会管理也对高校思想政治教育提出了与时代和社会发展相适应的提升要求。

1. 创新社会管理需要高校思想政治教育进一步创建与之相适应的目标体系

确立服务和谐社会建设的重要目标，加强和改进高校思想政治教育是构建社会主义和谐社会创造力量的源泉，高校思想政治教育现阶段的教育目标应与和谐社会管理的目标配套。我国高校现阶段的思想政治教育目标较为单一，思想政治教育是典型的阶级和国家意识形态的传播途径，我国的传统思想政治教育教学目标都以国家层面的正统和主导价值观作为依据和出发点，以主流意识形态的价值诉求作为衡量学科内容与水平的评判标准，因此较为空泛脱离实际感的政治性指向成为思想政治教育的教学原则，而无法忽视的一个问题在于高校思想政治教育除了要符合主流意识形态的价值诉求外，还应当满足其自身的学科性价值诉求以及被作为教学工具的教学价值诉求，片面强调思想政治教育的政治倾向必然导致其教育理念、教育内容等方面存在狭隘性和局限性，把思想政治教育等同于一般的理论教导、知识教诲，必定会让教育对象的接收角度倾斜到纯精神信仰，而不是建立在理性基础上的信仰。而纯精神信仰由于和实践的结合点较少甚至没有结合，容易使教育对象产生虚无、渺茫、苍白的教育效果，社会上出现已久且现在仍然普遍存在的思想政治教育"无用论"就是典型的代表。虽然当前高校思想政治教育的总体发展势头是良好的，主流倾向是积极的、正确的、健康的，但在实践当中仍然存在诸多问题，即使相对来讲这些问题并非性质与方向上的问题，但是时间长了一样会诱发大学生思想政治教育中的深层次矛盾。这些问题如果得不到迅速而妥善的解决，势必会阻碍高校思想政治教育的良性发展，弱化大学生思想政治教育的实践效果。

2. 创新社会管理要求必须牢固树立以学生为本的思想政治教育理念

加强和改进高校思想政治教育是构建社会主义和谐社会的思想基础，高校必须坚持以学生为本，从学生的实际出发，一切工作都应当以满足学生的成长需要、促进学生的全面发展为出发点。以学生为本的教育理念是以人为本思想在高校的直接体现，也是构建和谐社会、管理和谐的重要内容，和谐社会管理要求高校开展思想政治教育工作必须要尊重大学生的主体地位，满足大学生不同层次的精神需求，而我国现阶段我国大学生思想政治教育由于仍然存留有过去传统教育理念的色彩，实际教学当中将思想政治教育尤其是思想哲学类的教育层次下降，违背了思想哲学的学科本性。哲学本是关于智慧的学科，哲学的传播与教育离不开哲学知识的传授但又不能局限于知识层面的传授，所有的科学其目的在于对对象的本质、规律以及形成过程的认识，而现在的教学出发点是将哲学智慧知识化，使得本来充满思辨与创新意义的哲学变成了单纯的理论与知识的机械记忆。不仅哲学类学科的教育理念如此，对于思想教育、政治教育等学科的传授也是通过单一的灌输方式使教育对象成为被动接受的客体。这种教育理念虽然强调了理论知识的传授，突出了教育对象在知识认知层面的吸引与传承，但却解决不了对象在知识的接收与吸收后的理解、升华、实践，特别是将知识内化为理想、信念并付诸于实践活动，极其不利于教育对象的理论思维的培养，更加不利于创新意识与创新能力的提高。导致高校思想政治教育的针对性与实效性不强，不利于发挥大学生自我教育、自我管理、自我服务的作用，未能形成思想教育、政治教育以及自我教育三者之间的合力，使高校思想政治教育的发展提升不到更高的层次，与和谐社会管理的要求存在较大的差距。

3. 创新社会管理必须坚持解决思想问题与解决实际问题相结合

加强和改进高校思想政治教育是构建社会主义和谐社会管理的有效途径。和谐的社会管理并非没有矛盾、问题，而是构建社会的各要素处于活力与创新的状态，要素之间相互包容、协调运作并且良性转化。高校思想政治问题往往因实际问题产生，因此解决大学生的实际问题实质就是开展思想政治教育的过程，而当前高校思想政治教育却与实践严重脱离。思想理论的价值在于应用，思想政治教育的课堂教学要与社会实践相结合。科学理论尤其是思想哲学科学理论体系，更应当着重于实践运用才能充分有效地体现其科学性、价值性，思想政治教育不能忽略社会实践的环节，应当为教育对象提供将理论知识运用到具体解决社会问题的土壤。目前高等教育环境相对封闭和单一，对教育对象视野的开拓与思维的多层次发展十分不利。没有将思想政治理论与现实的经济实践、政治实践相联系、相结合的前提基础，社会实践的环节出现断层，就无法为教育对象的思维和创新能力的培养与提升提供生命力和动力，探讨我国思想政治教育效果的落实问题，其关键点在于如何实现与社会实践在内容与形式上的相互结合和共同发展。思想政治教育与社会实践相结合的目的，在于以社会实践推动理论教育深化，以理论教育丰富和完善社会实践。通过积极主动参与社会管理等环节，使社会实践与马克思主义哲学教育融合到一个整体的体系中，使理论外的社会实践实现对封闭环境内的理论教育的补充、延伸、发展，使教育对象在开阔视野、加深对客观世界广阔性与复杂性认识的同时，以亲身实践所得到的认知与课堂教育所获得的理论进行参照、对比、怀疑、批判，从而把握思想政治理论体系的理论精髓，提高对思想政治学习与应用的自觉性、主动性、积极性，并积极活跃地参与到各项社会管理实践当中，提升社会管理的整体水平。

二、高校思想政治教育与社会管理的辩证关系

对于我国社会发展现阶段来说，思想政治教育是我国精神文明建设的重要组成部分，也是解决社会矛盾的一条重要途径。社会发展的实际状况要求思想政治教育必须加强和改进其理论研究和实践工作，积极发挥其在社会管理中的作用。而当前社会中高校思想政治教育与社会管理两者之间的关系是对立统一的辩证关系，既相互区别又相互联系。

（一）高校思想政治教育和社会管理的契合性

社会管理既包括硬性管理，也包括柔性管理，与作为柔性管理手段的思想政治教育具有一致性。社会管理是一项对人的服务和治理工作，其主要着眼于对社会成员的教育，促进社会长治久安。作为我国精神文明建设的重要组成部分，高校思想政治教育致力于引导大学生

树立正确的世界观、人生观、价值观，使大学生能够全面发展。在当前社会中，二者之间存在着许多互通性。

1. 核心理念一致

社会管理和高校思想政治教育都是将以人为本作为核心理念，将现实的人作为逻辑起点和归宿。人是社会管理的主体和对象，社会管理只有通过有思想的人才能正常运行。社会管理创新强调以人为本，将群众的利益作为出发点，以是否满足群众需求为准则，有效缓解社会矛盾，协调社会利益。高校思想政治教育的实施者和接纳者都是人，其初衷和归宿都是为了推动学生的全面发展。因此，高校思想政治教育要把以人为本作为核心理念，以学生为中心开展高校思想政治教育，将培养和塑造学生作为基本职能，重视学生个性的发挥和素质的培养，实现学生社会价值和个人价值的融合。

2. 价值目标一致

社会管理创新的价值目标是在最大限度上满足整个社会和社会成员健康发展的需要，建立科学合理的社会管理制度，化解社会矛盾，解决社会问题。同时，更加凸显社会成员个体在管理中的主体地位，通过个体在社会管理中功能的发挥，实现社会管理民主化、科学化。高校思想政治教育价值目标是通过向学生传输正确的社会规范并将这些规范内化为学生的理念，外化成为学生自身的道德行为，促进学生全面发展。在这个过程中，不仅学生的个人价值得以实现，学生的行为得到规范，还使社会精神得到彰显，使学生在实现自我全面健康发展中促进社会进步。

3. 评价标准一致

党的一切方针政策，都要以是否符合最广大人民群众的利益为最高标准，以最广大人民群众满意不满意为根本准则。作为党的一项重要工作，社会管理也应当以人民群众的满意度作为评价工作好坏的标准。社会管理创新，就是要做到协调社会矛盾的化解，维护社会生活的安定，平衡社会利益的分配，让人民群众参与社会决策的制定、在社会管理中发挥其主体功能，促进社会管理民主化、科学化，使社会管理更加符合广大人民群众的切身需要。高校思想政治教育的实施者和接纳者都是人，其评价标准理所当然是人的满足程度。当前我国高校思想政治教育是以学生为本，从学生的需求出发，以调控学生道德品质、促进学生自由全面发展为目的来开展教育活动，同时，将学生的满意程度作为评价，使思想政治教育更加贴近学生实际，更加具有活力。高校思想政治教育与社会管理之间的内在契合，使在高校思想政治教育中借鉴社会管理创新相关理念和方法具有可行性。

首先，社会管理理念为高校思想政治教育的发展提供理论借鉴。理念是人们对某一事物或现象的理性认识、理想追求以及所持的思想观念或哲学观念。将社会管理创新的理念引入高校思想政治教育，能够使高校在思想政治教育过程中坚持以学生为本，充分尊重学生的自我意识和主体意识；使思想政治教育立足于大学生最关心、最亟需解决的问题，满足学生的内在需要，为学生服务，实现学生个体价值。同时，能够尊重学生的主体地位，调动学生参与思想政治教育的积极性，使学生更好地完成知识的内化，增强高校思想政治教育的实效性。在高校思想政治教育中运用社会管理理念，还能够帮助大学生正确认清并解决所面临的问题，协助学生更好地适应社会的变化，加快大学生的社会化进程。

其次，可以使高校思想政治教育目标和内容与时俱进。教育目标的发展基于两大基础：一是社会和人的实践基础，二是指导社会和人发展的理论基础。改革开放以来，我国经济社会快速发展，社会的发展变化促使人们的道德观念以及行为方式也发生一定的转变。高校思想政治教育目标既由我国新时期经济社会发展所决定，又要以发展的中国特色社会主义理论体系为指导，因而必须赋予高校思想政治教育时代性，保持其超前发展的优势，培养适应社会发展需要的人才，推动社会全面发展，加快"中国梦"的实现。思想政治教育与社会管理都致力于促进人的全面发展和社会进步，二者的一致性为思想政治教育借鉴社会管理创新的相关理念提供了可能性。借鉴社会管理创新的相关理论指导高校思想政治教育，能够使思想政治教育内容更加贴近社会实际，促进思想政治教育内容跟上社会发展的步伐。

（二）高校思想政治教育与社会管理的差异性

1. 二者性质不同

高校思想政治教育是属于宣传教育的范畴，其着力于转变人们的道德观念、规范人们的思想。改革开放以来，尽管思想政治教育逐渐突破其意识形态功能，拓展在经济、社会等领域的作用，但是思想政治教育依然是一种重要的宣传教育工具，这是思想政治教育赖以生存的根本，也是使思想政治教育成为一门独立学科的手段。社会管理属于公共管理的领域，公共管理是以公共组织为依托，运用公共权力，为有效实现公共利益而进行的管理活动。换言之，即公共管理需要以特定的组织为现实依托，在一定公共权力保障的前提下实现公共利益。与思想政治教育相比，社会管理的宣传教育功能较小，且更加侧重建立并完善规则制度，对人们的实践活动进行控制与制约。

2. 二者的内容不同

高校思想政治教育致力于对大学生的思想观念进行价值引导，提高大学生的价值认识水平，帮助学生解答认识上的困惑，促进学生社会化，可以把高校思想政治教育作为大学生精神世界的风向标。因此，思想政治教育的内容是使人们认同、接受并践行社会所期待的观念。

社会管理是通过不断建立和完善社会规章制度，使人们认同并践行现行制度，遵守相应的制度要求，并明确自身的责任。因此，社会管理的内容是使人们遵循社会规范和管理制度，并且明确执行个人在社会中的角色。

3. 二者的实施方法不同

高校思想政治教育的目的是促进学生全面发展，提高学生思想道德素质，培养和造就"四有"新人。由此可见，思想政治教育是人们精神领域的问题，不能过多采用"说不服就压，压不服就罚"的手段，而是要灵活地采取说理引导、自我教育、心理咨询等方法。而社会管理解决的主要是社会成员之间的利益、行为冲突，保证社会成员在一定规章制度的范围内活动，从而提高社会系统运转的效率和水平。因此，社会管理的方法主要是依靠其权威制定规则和制度，并通过这些规则和制度对人们的社会活动进行规范，使人们接受并自觉按照这些规则和制度来规范自身活动，践行社会赋予自身的责任。

（三）高校思想政治教育与社会管理的互补性

社会管理与高校思想政治教育在理念、目标等方面的内在契合性，使社会管理与高校思想政治教育形成一种相互补充、相互促进的关系。

1. 二者相互补充

传统的社会管理侧重于运用硬性管理手段，不利于被管理者积极性和主动性的发挥，而把作为软管理的思想政治教育纳入社会管理之中，能够通过说服教育等方式，对被管理者晓之以情，使被管理者自觉将社会规范内化于心、外化于行，实现"硬"中有"软"的人性化社会管理趋势；而思想政治教育的过程中，仅仅凭借说服教育有时难以达到教育目的，需要借助管理手段，运用"软"中有"硬"的方式，保证思想政治教育的顺利进行。

2. 二者相互促进

社会管理的创新为高校思想政治教育提供了新的视界和平台，并指明了发展的方向，拓展了思想政治教育的领域。高校思想政治教育通过对大学生的价值观进行引导，使大学生接受社会主义核心价值体系并内化为自身的习惯，外化为自身行为。大学生不断地进入社会之中，积极参与社会管理活动，这就使高校思想政治教育的成果扩大到社会范围，有利于促进社会的发展和稳定。社会管理创新的一个发展趋势是人本管理，因此，在社会管理中运用思想政治手段，能够增强人在社会管理中的地位，使管理更快地向新的方向发展；而以大学生的思想和行为为工作对象的高校思想政治教育活动，在其教育过程中不可控因素较多，所以要在思想政治教育过程中引入社会管理的理念，增强教育的科学性。因此，高校思想政治教育与社会管理二者相辅相成、相互促进、共同发展。

三、创新社会管理的理论依据分析

(一)人的全面发展理论

人的全面发展来自于马克思主义对人的发展理论的规定。马克思主义认为人的全面发展要从两个方面去理解：全面发展中的"人"的理解不能被狭隘的理解成单个的个体，而是应当被指代为整体概念，是指全体社会成员；全面发展是指人的体力和智力的充分自由发展，人的才能的多方位发展，个人社会关系的高度丰富与发展。现代社会对大学生素质的全面要求体现在一方面要发展大学生的体力、智力与才能，另一方面也要注重发展大学生的个性、培养多样能力、挖掘创造能力。大学生的全面发展是大学生思想政治教育的目标与本义，也是现代社会管理的目标追求，当前大学生思想政治教育将受教育者纳入动态的社会发展环境之中，通过准确分析社会状况进行有的放矢的思想政治教育，使大学生形成稳健的社会心理素质，增强大学生对社会变革的认识力，社会管理的行为规则通过系统的思想政治教育内化为大学生自身的素质要求并外显为良好的行为习惯，做出有益社会的行为，为社会管理的顺利进行提供有利条件。

(二)正确处理人民内部矛盾的理论

毛泽东曾经指出："凡属于思想性质的问题及人民内部争论的问题都只能能民主的方法、讨论的方法、批评的方法、说服教育的方法去解决，而不能用强制的压服的方法去解决"。人民内部矛盾是在根本利益一致基础上的非对抗性矛盾，其本质利益是一致的。我国转型时期的矛盾仍然表现为人民群众日益增长的物质文化需要与落后的社会生产力之间的矛盾，现阶段具体表现为社会利益主体多元化、社会结构阶层化、社会阶层复杂化、社会资源分配不均、社会利益协调不合理以及对弱势群体的权益保障还不到位等方面，这在性质上仍然属于人民内部矛盾，但如果处理不当或不能清醒面对也会扩大升级甚至产生社会冲突。因此，社会管理在改善民生、促进人民全面发展的同时，也要注重管理的合理性认同。社会成员服从管理，具有高度的责任感与理解力，是处理人民内部矛盾、提高社会管理效率的关键所在。

(三)社会存在与社会意识的关系理论

马克思指出："物质生活的生产方式制约着整个社会生活、政治生活、精神生活的过程，不是人的意识决定人的存在，相反是人的社会存在决定人的意识。"历史唯物主义也告诉我们存在决定意识，而意识反作用于客观存在。因此，社会存在与意识的辩证关系揭示了社会管理中思想政治教育的必然性根据，一方面思想政治教育是社会管理进步的精神支持与保障，另一方面开展思想政治教育也要以社会生活为依据，以社会管理的实践为基础。加强和创新社会管理是社会发展进步的必然要求，是现实实践活动对改进和提升实践指导思想的客观要求，是在新的历史条件与时代背景下提出的促进社会管理与社会发展实际情况相适应的必然性要求，社会管理要加强和创新，同样作为社会存在的高校思想政治教育实践也必须符合存在决定意识的辩证要求，以自身的加强和创新适应社会管理创新的要求，适应不断发展的社会实践对高校思想政治教育提出的新挑战、新问题。

第二节 大学生思想政治教育的社会化分析

一、对大学生社会化的理解

大学阶段是大学生人生的特殊时期，该时期的大学生人生观、世界观、价值观已经基本定型，在由"自然人"向"社会人"的转变中也已基本完成了初期阶段，因此对于大学生社会化的理解要从以下几方面展开。

第一，大学生社会化是人的社会化阶段中的一个部分，在人的社会化进程中处于重要而关键的地位与作用，二者之间存在相似与差异。

第二，大学生社会化是大学生增强社会适应性、主动适应社会的过程。时代发展与创新社会管理"以人为本"的要求使得大学生在认知、接触、融入社会的过程中绝不再是被动接受社会改造的地位，而是主动适应社会召唤与要求，更好地适应社会与促进自身发展的必然过程，同时也是在适应的基础上不断地超越社会、变革社会的双向互动的过程。

第三，大学生社会化的内容具有一定的特定性。大学生社会化主要包括大学生政治社会化、道德社会化、法律社会化、心理社会化等关键内容，这些内容使大学生获得社会生存与发展的适应力与提升力，大学生社会化完成过程的质量与效果直接影响他们作为社会主体在社会上的发展及其对社会的影响。

二、大学生社会化趋势加快

随着社会发展进程的加快所带来的社会系统各环节间的开放性、影响性日益扩大，同时伴随着高等教育的改革和发展，大学生的社会化程度也在不断地加快，并且向着纵深性的方向发展，较为典型的现象表现在大学生宿舍以及网络技术的发展对大学生社会性的影响和促进。

随着新环境的变化，高校宿舍已不再是封闭的、单一的睡眠房间，宿舍的人际关系、生活内容和管理机制都呈现出明显的社会化趋势，社会性逐步增强。随着经济社会的发展，大学里的社会服务管理功能逐渐凸显出来，高校宿舍的人际关系由单纯的同班同学关系趋于社会化，住在同一房间和楼层的同学不仅有同班的同学，还有不同班、不同年级甚至不同学校的同学；不仅有现实的同学关系，还有老乡关系、高中初中以及小学的同学关系、党员或团员关系、以兴趣志向为纽带结成的各种社团成员关系、民族宗教关系、恋爱关系、血缘关系、师生关系；不仅有校内的人际关系，还有参加校外社会活动形成的各种人际关系；不仅有正式组织成员关系，还有大量的非正式组织成员关系。目前的高校宿舍，包涵宿舍内部、宿舍与宿舍之间、楼道间、楼层间、楼栋间的学生公寓、学生宿舍区及其附属的生活、服务设施，如学生食堂、文化体育活动场地及公寓、宿舍区的各种商业服务网点等。可以说，高校宿舍是青年大学生社会化的一个重要场所，是他们进入社会前的彩排舞台和实习基地。

大学生的宿舍生活由简单的睡眠及休息趋向社会化。在大学生宿舍，除了睡眠，还有学习生活、政治生活、文化生活、休闲生活、经济生活。由于宿舍里时空临近的天然优势，室友之间最容易熟悉和亲近，形成"家"的认同感和归属感。宿舍也是大学生的"课堂"，是他们成长、成才、成功的园地和获取信息、交流思想、沟通感情的重要阵地。和谐的宿舍生活对大学生开拓视野、启发思维有着积极的作用，有助于他们顺利成长。

大学生宿舍的管理由单一的校内专门管理机构的管理趋于社会化，不仅有专门管理机构的管理，还有各种正式非正式组织的有形无形的管理；不仅有校内管理，还有校外的各种有形无形的管理。作为高校后勤工作重要组成部分的学生宿舍管理，要适应教育体制变革的新情况，真正实现学生宿舍服务的社会化，以同市场经济接轨，同世界发达国家高等教育发展接轨。

虽然大学生宿舍的社会化趋势日益显著，但同时也带来了新的矛盾与冲突，主要表现在传统管理体制的局限、改革引发的矛盾、宿舍生活的冲突等三个方面。

（一）传统管理体制的局限

随着高等教育的不断普及和大众化，大学生群体的数量越来越多，学生住宿的分散性与层次的复杂性增加了宿舍管理与学生教育的难度。同时，高等教育改革，特别是高校收费制度的改革，使大学生的角色发生变化。在校园里大学生既是受教育者，同时又是消费者。而高校学生管理体制的改革，使学生的自由空间相对扩大，这势必给高校学生宿舍的管理和建设提出新的任务和更高的要求。

（二）改革引发的矛盾

首先是社会化引发的矛盾。高校扩招面临扩大和改善住宿条件等问题，后勤社会化，而物业管理部门重点是管物而不是"育人"，其管理缺乏层次性、权威性和科学性，学生在宿舍的生活出现自由散漫的几率增大。其次是学分制改革下宿舍管理的矛盾。实行弹性学制以后，由于每个人自主选择专业，自主选择学习内容，自主选择授课教师，这样，原来的班级概念不断弱化，宿舍将以学生利益的代言人身份而出现，学生将更多时间自由支配于宿舍中，宿舍成为学生活动的相对固定场所。

（三）宿舍生活的冲突

整体来说，当前高校宿舍生活各个层面存在的不和谐因素，主要包括卫生状况欠佳，宿舍环境堪忧；宿管体制不合理，人文关怀缺失；价值追求多元，宿舍精神迷失。宿舍学生由于生活、学习习惯存在一定的差异，在朝夕相处的过程中，或多或少会有摩擦冲突，如不及时化解，就有可能关系紧张，矛盾激化。同时，他们社会阅历浅，对社会上一些不正确的观点容易随声附和，各种流言蜚语在这里很有市场。而网络技术的发展对大学生社会化发展的促进作用更加显著，但其所带来的挑战与引发的矛盾也更为明显。

信息技术因其传播量大、速度快、覆盖面广、开放、交互等特点已经成为现代人沟通、交流、学习的重要工具，而大学生更是其中的主要群体。但由于网络本身所具有的双重性在给知识和信息的获取带来便利的同时，同时也对现有的思想体系、价值观念带来了一定的冲击。由于信息网络的开放性，西方资产阶级的思想文化也通过网络传播进来，这为某些"反华"及"仇共"立场的西方反动势力提供了平台。由于大学生的世界观、人生观、价值观正处于发展定形期，可塑的空间还比较大，此时容易受到外来不良思想与政治倾向的鼓吹和腐蚀，从而偏离马克思主义和社会主义的正确理论与价值指导而误入歧途。此外，网络世界中的各种垃圾信息，如色情信息、国内制造社会政治经济混乱的黑色反动信息也对现阶段大学生的思想造成了一定的侵害。

由于我国现行的高校思想政治教育在教育观、教育方式与手段、教育效果考核上存在的诸多弊端，加之网络信息环境中的不良因素和传统腐朽思想、落后观念以及社会主义市场经济建设转型发展期导致的社会成员政治信仰迷茫、理想信念模糊、价值取向扭曲等负面影响，给我国大学生思想政治教育带来了新的挑战和问题，而且与党和国家提出的"以人为本，科学发展"的社会发展指导方针相偏离。科学发展观是与时俱进的科学发展理论，对我国当前的高校思想政治教育提出了新的要求，但基于高校思想政治教育在我国的教育现状及问题以及当前我国大学生思想政治素质的整体水平来看，其发展程度与效果与科学发展观对新时期大学生思想政治教育在人本性、全面性、时代性、规律性以及创造性等方面的要求还存在着比较大的矛盾和差距。

第三节 社会管理视野下大学生思想政治创新路径

一、高校思想政治教育社会化的内涵

目前对高校思想政治教育社会化的理解有不同的视角与出发点，在研究与借鉴相关成果及个人认识与理解的基础上，高校思想政治教育社会化应当是在社会发展需求与高校思想政治教育的矛盾化发展要求下，以高等院校为主导，以高校思想政治教育双方共同参与实现高校思想政治教育适应、改造社会双向互动的过程与结果，实现提高高校思想政治教育有效性的根本目的。其内涵包含如下。

（一）高校思想政治教育化是由社会发展的需要与高校思想政治教育水平无法与之同步适应的矛盾所决定

社会实践的发展总是领先于意识形态的发展，高校思想政治教育作为意识形态的表现形式，始终无法与社会发展的需要完全同步，这种现实存在的矛盾也是高校思想政治教育社会化的根本动力，而由于二者之间的矛盾会在未来一段时期内长期存在。因此，高校思想政治教育必须不断适应社会发展的要求才能更好地实现它的教育功能，高校思想政治教育社会化是一个必然的发展趋势和目标。

（二）高校思想政治教育社会化的主要主导者是高校，需要教育双方共同参与、双向互动

高校必须要在大学生思想政治教育社会化的过程中准确定位，承担起设计者、实施者、指导者的重要主导作用。同时，教育者和被教育者也要共同参与，充分发挥出主体性的意义，形成双向互动。

（三）高校思想政治教育社会化应包括适应社会与改造、超越社会的要求

高校思想政治教育社会化首先体现的是其与社会的适应性问题，包括教育目标、方式、内容、教育对象，即大学生与社会的最终适应性问题，更重要的是高校思想政治教育社会化

体现更多的是超越社会、改造社会的过程。教育的目的是要培养出适应社会发展要求的全面合格的人才，能够在社会中实现自己的价值与作用，对他人及社会有正面的影响与贡献。而高校思想政治教育社会化在表面上是适应社会的过程，实质上则是既适应又超越社会的过程，这个内涵是把握高校思想政治教育社会化的关键。

二、高校思想政治教育社会化的原则

通过对大学生社会化以及高校思想政治教育社会化内容以及内涵的阐述，对高校思想政治教育社会化的总体状况有所了解，而这些内容也是高校思想政治教育社会化在实践过程中应当遵循的内在要求，是高校思想政治教育社会化必须坚持的原则和实践根基。

（一）坚持适应性和超越性相统一的原则

高校思想政治教育具有促进大学生社会化的功能，增强高校思想政治教育的社会适应性是其发展方向，高校思想政治教育社会化以增强教育的社会适应性为根本目的，就是要在不断地面对社会的新发展，赋予高校思想政治教育新的内容、方法和渠道，实现实时的、同步的与社会发展要求相适应的调整，只有用社会化的思路和方法才能实现这样的调整与适应。高校思想政治教育社会化不是被动的、应激式而是主动的、前瞻性的过程，需要在科学发展、与时俱进、实事求是等精神的指引下主动出击、深入社会、了解社会，高校思想政治教育关注社会、适应社会就会影响教育者积极主动地适应社会的发展要求，使受教育者在知识、技能、思想、政治、道德等方面与社会的要求更为合拍。因此，高校思想政治教育体现出的社会适应性能够契合大学生个体社会化的发展需要，同时也进一步满足提高教育社会适应性的要求。

同时，高校思想政治教育的社会化不只是对社会适应性的提高一种变化趋势，同时是在适应社会的基础上积极地影响、改造、建构社会的过程，在这个过程当中体现的是高校思想政治教育应当坚持的超越性原则。高校思想政治教育社会化的目标定位于超前性之上，经过社会化后的高校思想政治教育要在对教育的认识和规律的把握上，超越传统的高校思想政治教育，在主导者与教育实施者的意识层面上体现出超前性。高校思想政治教育还要体现出改造社会、超越社会的目的，体现出教育对社会的主动建构，要通过培养出符合社会发展要求的合格大学生来适应社会发展、社会管理的需要，更要通过社会化的成果对社会施加影响、改造社会，实现对社会的超越。

（二）坚持社会化和个性化相协调的原则

高校思想政治教育社会化要以坚持适应社会和教育对象的个性化发展相协调为目的和原

则，实现社会化与个性化的协调统一。

高校思想政治教育社会化的关键是实现与社会发展要求的契合，与社会环境相适应。而快速发展变化的社会则对人提出了个性与创造的要求，守旧、僵化、呆板等人格特征逐渐不再适应社会进步与发展的要求。首先，高校思想政治教育社会化将生动、多样的社会带到大学生面前，激发大学生思考如何通过发展自身丰富的个性特点符合社会的要求与挑战。其次，高校思想政治教育社会化能够为大学生个性发展提供丰富的"原料"与"养分"，使大学生能够看到自身个性化发展的现实可能性。最后，高校思想政治教育社会化为大学生个性化发展提供良好的评价氛围，使大学生思想、政治、道德等相关评价标准更加科学化，符合以人为本的原则以及可持续的科学发展观，使尊重和肯定个性成为一个基本的评价原则，为大学生个性发展指明道路。多样化的社会需要多样化的人才，并提出了对人才个性化的选择标准，增加了大学生个性化发展的外在推力，社会的动态发展趋势使得大学生懂得只有自身的不断发展才有可能适应社会发展的现实需要。因此，个性化是高校思想政治教育社会化实现的重要根基，人的改变是社会改变与事物发展的前提，尤其是我国当前处于社会转型期、创新发展期的重要阶段，更是需要以人的创新性为根基，而人的个性更是创新型人才必要和关键的素质，而高校思想政治教育社会化这样具有创新性质的发展变化过程需要创新精神、有人性的主体共同参与才能实现。

（三）坚持政治性与生活性相结合的原则

时代发展与社会的激烈转型对高校思想政治教育提出了不断完善和提高、增强实效性的现实而迫切的需求，高校思想政治教育也要逐渐适应与满足贴近生活、社会发展的要求。高校思想政治教育的政治性是其实践的基本要求，生活性是高校思想政治教育发展中的时代特征的体现，高校思想政治教育实践的社会化发展要做到政治性与生活性原则的紧密联系。

当今社会已经是一个多元化的社会，社会的需求是方方面面的，面对复杂的局面，高校思想政治教育社会化一定要坚持社会主义核心价值体系教育的正确政治方向。方向迷失将会导致高校思想政治教育失去作用，适应社会的要求必须要体现在引领社会的前进而不是对社会多样需求的被动满足之上。社会主义核心价值体系教育能够体现出引领社会前进的作用，通过对马克思主义指导思想、中国特色社会主义共同理想、爱国主义的民族精神、改革创新的时代核心精神、社会主义荣辱观等基本内容实现对大学生思想意识形态的引领。因此，坚持社会主义核心价值在高校思想政治教育中的核心地位，是保证高校思想政治教育社会化维持正确政治性的必然选择。

高校思想政治教育具有突出的实践性，实践是其理论产生基础，也是理论指向，实践性要求高校思想政治教育具备丰富的社会生活和个人经历。因此，必然要求高校思想政治教育要贴近实际生活，就要深入到现实生活中去，深入到社会经济、政治、文化生活以及社会的日常生活中去，反映客观现实，把握社会主流，更好地融入、服务、引导生活。

三、现阶段高校思想政治教育社会化过程中需注意的问题

（一）注意"去道德化"的问题

在高校思想政治教育的社会化过程中，由于全球化的时代背景与市场经济转型期的社会环境，多样化的思潮与观念中有相当一部分以贴近时代、贴近社会作为借口，其实质是放弃社会主义道德的原则，甚至是忽视和淡化社会主义核心价值体系，推行所谓的普世价值观教育，这便是"去道德化"的问题。

"去道德化"也会体现道德教育的内容，但却是对社会主义道德的放弃。社会环境的开放性、多元性，使得大学生的主体意识空前凸显，受西方价值观以及文化产品中个人主义的影响，当代大学生在道德判断中逐渐呈现出对社会主义核心价值体系中集体主义和为人民服务等精神的怀疑、奚落、嘲笑的态势并在相当大的范围内蔓延，文化意识和价值观念西化的危险加大，个人中心主义、享乐主义、自由主义等道德观念对年轻一代尤其是当代大学生的侵蚀程度越来越强，给西方不良思想提供了可乘之机，对高校思想政治教育提出了严峻的挑战，甚至不仅仅是挑战，而是现实的对社会主义道德的抛弃就摆在社会发展、社会管理的新形势面前。而具体分析"去道德化"问题的成因时，后现代主义思潮的影响与大众传媒的推动是其中较为主要的原因。

后现代思潮的影响主要体现在理想价值的意义失落与主体责任缺失两个方面：理想价值是面向未来的一种基本的价值取向，在大学生的人格结构中具有建构功能，既是人的自我建构也是人的社会建构。当代大学生中存在的学习动力不足的问题便是理想价值意义失落的一种表现，后现代主义思潮渗透着怀疑及虚无主义，以多元化反对统一性，以不确定性和模糊性取代确定性，以情感和冲动反对理性，追求差异性，表现出叛逆性和价值选择性，这些后现代主义的思潮所具有的特点对大学生理想信念的消解作用非常强大，使当代大学生失去坚定理想信念的支撑和前进的动力，更是对社会主义核心价值体系教育的一种解构。

主体性消失与主体责任消解，后现代主义个体更追求自我放纵，关心自己的生活与自我的满足，后现代主义更强调人的主体性和创造性只是一种虚无的唯心主义，而主体性消失所

带来的主体责任的消解，在大学生身上最直接的影响就是极易造成理想信念认识和追求上的无所适从，方向不明，更使一部分大学生不同程度地存在政治信仰迷茫、理念信念模糊、价值取向扭曲、诚信意识淡漠以及社会责任感缺失等问题。无论是后现代主义文化，还是其他的任何思潮或观念的传播都需要传播的载体，由于载体本身只是一种工具，没有利弊之分，但由于掌握载体的人本身赋予它有效或有害的内容或者是社会管理的水平、力度等没有达到应有的程度从而导致大众传媒在"去道德化"的问题上起到了推波助澜的作用，很多流行文化或大众文化在大众传媒的推动下强力侵入校园，侵入到大学生的思想中，在后现代思潮与大众文化的双重作用下，大学生精神与价值观领域的虚无主义更加严重，对高校思想政治教育的效果以及社会主义道德的消解也更加强烈。

（二）注意"泛生活化"的问题

社会化与生活化所展现出来的高校思想政治教育特点已有所论述，因此在高校思想政治教育社会化的过程中注意和防止"泛生活化"的问题也非常重要。"泛生活化"是指过分强调高校思想政治教育的生活化，同样以贴近实际、贴近生活、贴近学生的形式使得思想政治教育失去政治属性和引领高校思想政治素质发展的方向。"泛生活化"的问题在高校思想政治教育社会化过程中也主要从以下几个方面体现。

1. "社会化自发论"的分析

按照马克思主义社会存在决定社会意义的观点，作为意识形态一部分的高校思想政治教育与社会实践之间必然存在适应性上的滞后，这个特征也是高校思想政治教育社会化的基本矛盾。由于事物是通过旧的矛盾的解决与新的矛盾的产生，从而促进事物的不断发展与进步，因而高校思想政治教育社会化的发展和完善的趋势必然不会自然产生与自发完成，需要高校发挥主导作用、教育主体发挥主动作用并以提高大学生思想政治教育的实效性作为归属。

高校作为社会组织必然承担培养人才、科学研究、服务社会等相关的社会管理职能，高校与社会的双向互动应当是社会发展新形势下的正确定位，这种正确定位体现在高校要在思想政治教育社会化的目标定位上实现科学化，内容选择上要合理及符合社会的管理需要，并且在实践途径上也要精心设计。高校必须发挥好主导作用，主动掌控好高校思想政治教育社会化的诸多因素，引领高校思想政治教育社会化的发展方向。

教育过程是教育者与受教育者共同作用的过程，高校思想政治教育社会化也同样需要教育者和受教育者共同发挥主体作用，实现双向互动，共同建构社会化的实现途径和渠道，推动社会化的早日实现。教育主体间平等的互动关系是实现高校思想政治教育社会化的根本需要，没有主体的双向互动和较好的发挥主动作用，不可能实现高校思想政治教育的社会化。

提高实效性是高校思想政治教育社会化的归宿和目标，以提高实效性为目标就是要把高校思想政治教育社会化最终运动的终点确定下来，为高校思想政治教育社会化带来强劲的动力，能够使所有参与高校思想政治教育社会化的人员激发出无限力量，它也同样是在高校主导下，教育主体间双向互动、共同参与的过程，是以提高高校思想政治教育实效性为主要目标的积极主动的建构过程。

2. 关于"去政治化"的倾向

"去政治化"是高校思想政治教育社会化过程中"泛生活化"的另外一种体现，是指在高校思想政治教育中淡化政治方向，完全迎合大学生及社会现实状况的需要。

在高校的思想政治素质中，政治素质具有引领成才方向、判断成才标准的指向作用，失去政治性的高校思想政治教育极为危险，也是党和国家的社会管理目标所不能允许的情况。全球化和教育国际化的发展趋势，使得西方国家企图凭借跨国企业以及互联网的载体取消民族国家之间的界限，淡化当代大学生的国家意识、民族意识，这种思想同化和观念西化的思路与行动会以生活化的形式出现，对于没有过多社会阅历，人生观、价值观、世界观还处于定型阶段的大学生来讲更加危险，高校思想政治教育社会化必然要求站在民族与国家的高度，旗帜鲜明地高举中国特色主义的旗帜，反对"去政治化"的思想倾向，防止高校思想政治教育"泛生活化"问题的出现。

总而言之，高校思想政治教育社会化是高校思想政治教育的一个重要发展方向和客观趋势，它是高校思想政治教育价值在新的历史条件与时代背景下的重新确认和再度审视，也是高校思想政治教育实效性的有益思考与探索。同时，高校思想政治教育社会化也能够为创新社会管理环境下的新时期高校思想政治教育工作提供新的探索与发展的方向。

第四节 社会管理视野下高校思想政治模式的创新路径

一、转变思想政治教育理念以满足社会管理要求

理念一般是指人们对某一特定事物或行为所形成的看法、观点或规范，其在事物的发展过程中起指引作用。当前，我国社会管理中出现了许多新情况、新问题，迫切需要创新思想政治教育理念，构建科学化教导模式，实现社会的软管理。

（一）倡导以人为本理念

所谓以人为本就是将人作为一切工作的中心，在实际工作中，解放人的个性，敬畏人的尊严，激发人的创造力，使人能够自主管理，实现健康发展。现代社会管理，归根结底是对人的管理，是为满足人的全方位发展而服务的，他不是处在某种虚幻的离群索居和固定不变状态的人，而是处在现实的，可以通过经验观察到的，在一定条件下进行的发展过程中的人。要具体剖析对此类人的管理，就必须发挥思想政治教育以人为本理念的引导作用，具体表现在：

1.以人文关怀为主导，完善人的主体人格

马克思指出："人是一个有激情的存在物，激情、热情是人强烈追求自己对象的本质力量"。正因为人是一个富有情感，内心丰富的活生生的个体，所以我们的思想政治教育要做人的工作，要实现培育、尊重、塑造人的教育目标，就必须转变其高高在上，作为党和国家政治言论"代言人"的姿态，以平等"对话"的形式，对受教育者着重进行人文关怀。在实际工作中，主要是通过心理疏导、情感感化以及实例导向等形式，与受教育者进行心灵沟通，抚慰其心灵、消除其疑虑、减轻其负担，充分尊重其主体性地位，满足其内在需求，使得受教育者在以人为本理念引导下能够真切地完善自身人格，以饱满的思想政治素养和文化内涵服务于社会。

2.塑造人的信仰，提升个体道德社会化

"信仰是人所特有的一种精神现象，是人对自我超越性的一种探究。现代化的思想政治教育要求我们在对受教育者进行国家政策法规或者道德规范教育的同时，更要关注其内在世界，注重对其进行价值支撑引导，帮助其树立正确的信念。因为如果我们的思想政治教育忽视了对人精神世界的关注，缺失了对人信仰的正确塑造，那么我们实际生活中的道德规范与法则就会脱离人的内心需求，凌驾于人的道德诉求之上而成为"空谈"，丧失其维护社会安定，保障社会安全的功能。因此，当前我们的建设事业，需要思想政治教育对人的信仰塑造功能，需要坚定社会成员的道德信念，需要全社会以健康的道德行为积极投身其中。

3.满足个体利益，彰显个人价值

现代思想政治教育要突破其单纯的社会指引功能，更加注重对个体内在需要以及个人实际生活问题的解决。因为思想政治教育终究是通过影响人的思想进而改变人的行为的，而人行为动作的转变在很大程度上取决于自身利益的实现与满足，因此，要切实地使思想政治教育以群众的根本利益为初衷，激发群众的积极主动性和创造性，满足群众的物质与精神利益，并以此为基础，在彰显个人价值的同时，自觉承担社会职责，做出对社会应有的贡献。

（二）树立民主观

现代社会管理要求实现社会民主自由的全面发展，民主是社会发展的精髓，没有民主就没有社会主义。然而，在当前社会管理中的某些地方，我们的工作仍然采用的是领导一人"拍板制"，群众完全没有参与决策的协商与决策机制，无法有效地发挥民主管理，使工作中出现了诸多薄弱环节。因此，我们的新型社会管理，要更加突出人民群众在社会发展中的主人翁地位，做到一切工作的开展都要从人民群众的实际需要出发，增强人民群众的参与意愿，提高人民群众的参与能力，使社会管理真正成为一种各单位联合型的民主互动模式。这种社会管理模式要求我们的思想政治教育也要转变以往作为党和国家政策"代言人"的高姿态，树立科学的民主观。一方面，在教育过程中，转变将教育者视为实行者，受教育者只能被动地接受理论知识灌输的传统观念，倡导教育者既是道德知识的传授者，同时也要成为优秀的倾听者和交流者，使受教育者多多发表个人的观点，多多参与协商讨论，改变道德权威对人们道德行为的强制模塑，创造一个平等对话、合作、交流的民主氛围。另一方面，在实际工作中，思想政治教育要大力宣传民主理念，使群众意识到社会管理是群众自己的管理，群众能够在整个社会生活中实现自主服务，从而自觉增强自身民主参与意识，提升民主管理能力，为现代化社会管理贡献自己的一份力量。

（三）弘扬和谐理念

倡导和谐理念，培育和谐精神，既是对我国优秀传统文化的继承与发扬，又是对新时期人们形成优良的道德规范，构建持久的理想信念的思想支撑。因此，现代化的思想政治教育要求我们以和谐理念处理人与社会、人与人以及人与自身之间的关系。在对待人与社会的关系时，思想政治教育倡导要在实现社会价值的同时，注重对个人个性特长的发挥以及对个人价值的满足，以和谐的方式处理两者之间的关系；对不同人之间的关系，思想政治教育提倡既要追求个人的物质利益与精神诉求，又要充分尊重他人的各方面需求，以和谐的态度看待不同个体之间的差异；对人自身而言，思想政治教育引导人们要以和谐心态看待内心的矛盾，用和谐思想观念和价值取向规范自身行为。总而言之，只有思想政治教育真正实现"和而不同"，现代化的社会管理才能达到管理点点滴滴、方方面面都渗透着和谐因子，进而有效地协调社会矛盾，化解社会纠纷，实现社会的统筹协调、健康发展。

二、依据创新社会管理目标完善高校思想政治教育内容

（一）教育理念与时俱进

高校思想政治教育理念的转变，要从对思想政治教育理论课的认识及对大学生主体性认识的转变着手。思想政治教育理论课的主要功能和目标是对大学生进行较为系统的马克思主义理论和思想政治教育，使大学生树立正确的世界观、人生观和价值观，因此要实现这一功能和目标，高校思想政治理论课教师就必须在观念上重新审视和定位，在新的时代背景与环境下面对经济、社会、文化以及人的思想观念都在发生重大变化的条件下，思想政治理论课也要突破传统观念，由过去的强制性教育转为引导性教育，提高思想政治理论课教育的实效性。

我国高校思想政治教育课程的内容一直都注重于理论、原理、规律、阶级、道德宣传等方面内容，忽视了对人主体性的实质关注，这明显是违反马克思主义哲学的本质精神的。此后虽然对这些方面予以了一定的改进，在内容上增加了对人的关注，但关注的全面性不够广和深，尤其是对人的实际生活世界的关注程度。马克思主义的历史唯物主义所论述的人，应当是与客观物质世界相结合、相联系的人，其所侧重地应当是人的发展目标和发展本身，而现有的思想政治教育教材中对人的发展性的价值维度并未被充分确认，对人的主体性的全面关注应当从对物的社会性依赖转向人的全面性发展的社会转变。培养和强化人的主体意识是基于人的现实发展的需要，是一个正确理解与处理人、自然、社会三者关系的平衡过程，在思想政治教育的教学内容中多增加一些有关人的存在意义、发展、价值以及个性等方面的主体性内容，能够激发、强化对象的主体性意识，充分发挥与调动对象的主观能动性与积极性，激活对象更新观念、主动创造的动力。高校思想政治教育活动作为以大学生为中心的育人活动，直接指向大学生并以大学生的全面发展为活动目的，因此应当确立大学生在思想政治教育活动中的主体地位。具体而言，需要采取以下几点措施：首先，教师要树立民主、平等的教育观念，改变传统的师生关系，充分尊重大学生的需要、人格、情感，以爱心和丰富的情感感染、教育、启发、引导学生，使大学生由被动教育变为主动的接收并参与教育。其次，要积极不断培育大学生的主体性，思想政治教育的着眼点要放在大学生主体性的发挥和培养上，以人为本的思想政治教育就是要培养学生的自强、自立、自由以及自信的精神和探索创新、追求与解放自我的发展精神。最后，要在教育观念中注入个性化教育的理念，充分挖掘和发挥大学生的个性特征，因人而异、因材施教，使每个大学生正面积极的独特个性得到全面发展。只有通过这样的教育观念的转变，才能使大学生自觉认同教育目标和要求，培养他们独

立判断与自主选择的意识，在实践中完善自身品德，丰富和发展社会主义道德规范的自主性、能动性、创造性，提高高校思想政治教育的实效性。

（二）教育内容与方式的社会化

高校思想政治教育的社会化是适应创新社会管理要求的具体表现，是加强和创新高校思想政治教育的必然要求，教育的社会化中蕴含着创新的客观因素。高校思想政治教育目标的社会化主要包括教育内容的社会化和教育方法方式的社会化。

1. 教育内容的社会化是"主渠道"创新的基本保障

高校思想政治教育内容的社会化要认真考量社会发展实际，研究大学生现状，从而对思想政治教育内容予以相应的调整和丰富，通过内容的社会化为实现思想政治教育的社会化提供强有力的支撑，实现教育内容的社会化与发展要从加强社会主义理想信念教育、社会主义核心价值体系教育、公德教育等几个方面展开。

（1）加强社会主义理想信念教育

理想信念教育是高校思想政治教育的核心，是高校思想政治教育管理工作的重中之重。大学生的理念信念、政治思想观念直接关系着党的事业和社会主义建设的兴衰成败，关系社会发展的稳定和社会管理的成效。理想信念教育的重心就是要在大学生形成中国特色社会主义的共同理想和共产主义理想信念，使大学生具备先进的思想政治素质。具体来讲，首先是要充分发挥高校思想政治教育课堂的主渠道作用，强化理论教育功能，用科学的理论武装大学生，用优秀的文化培育大学生，改进教育学方法，优化教学手段，经常研究大学生关心的热点问题，研究大学生人生价值、理想信仰的基本认识以及他们的思想需求和变化规律，有针对性的对大学生进行马克思主义人生观、价值观的基本理论教育，积极帮助他们化解人生道路上遇到的困惑和矛盾，通过"就业指导"课的教学形成大学生的职业道德、职业理想教育，帮助大学生建立正确的择业观；确立实践育人的理念，通过实践教学和实践活动，落实实践育人功能，不断创设实践环境，引导大学生实现由"知"到"行"的转变，积极开展实习、实训等教学实践活动，将实践教学编进教育学计划和教学大纲并保证其充分实施，开展社会实践活动，建立规范的管理机制，让大学生走向社会，在社会实践中学会做人、做事。

（2）加强社会公德教育

社会公德是社会成员在社会公共生活中形成的基本行为准则，是成员间在内心达成的维持良好社会秩序的默认标准，实现人、社会以及自然三者之间的和谐共处是社会管理公德建设的重要层面。目前，大学生在一定范围内仍然存在着公德意识欠缺、公德水平低下的问题，究其原因，可能在于社会环境中的不良因素的影响，教育内容中的公德教育力度缺乏，家庭教育不太重视公德意识的灌输等。因此，全社会应当逐渐形成"讲公德、倡公德、立公德"的整体范围，家庭教育中也要强化公德意识的灌输，而作为大学生成长和发展的重要环境，高校要在教育理念上明确公德教育的重要性，增强大学生的公德意识，加强大学生公德思想的自我强化，全面构建以公德教育为内容的学科体系，从明确公德教育的理念、目标、途径开始为大学生营造全面、持久的公德教育环境，着力打造具有浓厚公德精神风貌的全面发展的现代大学生。

2. 教育方式的社会化是"主渠道"创新的根本要求

随着信息技术与互联网技术的发展，知识经济的背景下要求对传统教学手段的改革，由于教学观念的落后、教学资源的匮乏、教学资金的紧张、教师对信息化工具的应用能力有限等原因，使得许多新的教学手段如电视教学、多媒体教学、网络教学等都没有有效的利用到当前高校思想政治教育中来，从而造成了高校思想政治教育在现场效果上的单调枯燥，无法调动受众的兴趣与注意力，教学手段的传统化、单一化使得大学生思想品德建设与坚定政治素质的培养和发展方面产生了主体缺位。高校思想政治教育理论课教学的方式方法必须要以提高教学的针对性和实效性为出发点，要做到理论联系、分析实际，而不是以理论迎合实际，要以现实生活中学生关注的热点、深层次问题作为切入点，关注现实生活、学生思想，要在运用思想政治教育理论说明解释现实问题上下工夫，这应当成为思想政治教育理论课的基本方法。此外，还要注意丰富教学手段和形式，改变以往硬性灌输的教学方式，努力调动和提高大学生的积极性、主动性，注意抓好读（原著）、听（报告）、讲（系统讲授）、谈（讨论交流）、走（社会实践）、写（调查报告、学术论文、心得体会）等教学环节。针对具体的教学实践主要提出"问题教学法"和"专题教学"模式二种较为新颖的方式方法。

三、变革思想政治教育方法，优化社会管理实效

方法是教育过程中必不可少的环节，是连接教育者与受教育者的中介，对思想政治教育的成效有重要的影响作用。随着构建和谐社会的时代要求与优化社会管理实效的现实需求，探索思想政治教育方法的新发展，以最大限度的满足思想政治教育发展要求，促进社会健康有序发展，成为了当下亟待解决的问题。

（一）继承与超越：思想政治传统方法与新方法的时代融合

思想政治教育作为我国一直以来奉行的优秀传统，其具体方法的运用对思想政治教育目标的实现有十分重要的作用。特别是对处于社会转型期的中国，中西方文化相互交融，人们

的思想呈现多样性和跳跃性，这对现代化的思想政治教育方法提出了严峻的挑战。因此，我们既要秉承思想政治教育的传统方法，又要与时俱进、开拓创新，不断探索新方法。

首先，我们的教育要秉承传统，始终以实事求是为根本方法，做到结合群众的个性特点与自身情况，选择既能满足个体物质利益与精神诉求统一，又能实现社会价值与个人价值统一的方式方法；其次，思想政治教育要一方面着力于解决思想难题，另一方面要全面关注现实困难。因为我们对思想的教育引导，归根到底是为现实生活而服务，因此，根据社会发展的实际需要，适时地更换思想政治教育方法，做到理论与实践相符合，才能实现预期目标。最后，新的思想政治教育要"改变道德教育中简单化的政治思想灌输，改变'道德权威'对人们道德行为的强制模塑"。力求在以人为本核心理念的指引下，更加注重显性教育与隐性教育的充分融合。一方面继续深化"两课"理论知识教导，完善课堂网络媒体等显性教育手段；另一方面积极探索环境熏陶、文化渗透等具有潜移默化影响功能的隐性教育方式，使新的思想政治教育方法实现教育与启发，疏导与创新的统一，以推进思想政治教育柔性管理功能的发挥。

（二）借鉴与创新：西方教育方法与我国现实的特色结合

西方国家在长期的社会实践中形成了一套独具特色的公民教育体系，通常采用社会实践、隐性渗透等方法对社会成员进行潜移默化的引导教育，使社会成员在实地操作，亲身经历后，自觉形成社会认同的公民道德和民族精神，积极融入社会管理。因此，现代化的思想政治教育要积极吸收西方教育方法中有益于我国发展的精华，并以此为据与我国现实紧密结合起来，实现思想政治教育方法在新时代的进一步发展。

首先，西方国家十分重视在社会实践活动中培养受教育者的公民意识和社会责任，纵观我国的思想政治教育历程，我们一直以来重视理论灌输式教育，却忽略了结合具体实践，进行社会道德践履。因此，现代思想政治教育要引导受教育者理论与实际相结合，使其在自愿服务社会的活动中，体悟国家政治，秉承社会传统，践行道德规范，自觉在服务社会与他人的过程中，形成优秀的公民道德，从而为实现社会的自我管理制提供现实基础。其次，西方公民教育注重教育的无意识性和渗透性，这对我国思想政治工作的显性教育手段是必要的补充。通过参观历史展览馆、博物馆等场所，激发受教育者的爱国情怀与政治热情；通过电影、电视、新闻等大众媒介宣传国家政治思想，唤起受教育者的价值认同和道德情感；通过树立典型、歌颂先进事迹等活动，感染受教育者的心理认知与行为取向。总之，借助各种隐性教育方式，潜在地将思想政治教育一点一点的融入到社会生活中，使群众自觉承担社会责任，自发维护社会安定，这是现代思想政治教育发展的最终趋势。

四、丰富思想政治教育载体以强化社会管理目标

对思想政治教育从理论到实践的系统剖析，为社会管理视野下思想政治教育的创新提供了可能性条件，而要使这一社会软管理手段真正地落到实处，就必须依托丰富的载体形式，提供切实可行的现实条件，并以此完善社会管理成效、强化社会管理目标。

（一）社会环境是优化思想政治教育的重要载体

社会环境是一种以文化为底蕴的氛围，是现代社会中重要的教育方式，正如马克思所说："人可以创造和改变环境，同样，环境也可以通过其隐性影响，对人的思想和活动产生作用。"因此，创新现代思想政治教育就要通过在社会上弘扬社会主义文化主旋律，开展多种特色文化活动，树立社会主义先进榜样，创办文化巡回讲座，组织大型文化义演等形式，在社会上营造安定团结的政治环境，健康向上的精神环境，催人奋进的文化环境与和谐美好的生态环境，使社会成员在这种优质社会氛围中，耳濡目染、潜移默化地受到感染，自觉地陶冶道德情操，塑造高尚品质，从而主动承担社会责任，做社会主义的好公民。

（二）大众传媒是强化思想政治教育的宣传载体

大众传媒是社会动态、社会热点问题的有效传播工具，其能够对社会舆论产生有力的引导作用。在当前生活中，大众传媒具备涉及领域广、接触范围深、影响面积大等优点，所以我们要让思想政治教育走进千家万户、走入社会各个角落，就要积极发挥大众传媒的"隐性"传播手段，通过对社会热点，重点问题的正面报道，引导群众形成正确的观念，坚定理想信念，坚持社会主义道路；通过对社会公益事件及先进人物的宣传，激发群众的爱国热情与社会责任感，使其自觉严格要求自己，做合格的好公民。

（三）网络媒介是深化思想政治教育的新型载体

随着科技发展，网络媒体已经走进了我国老百姓的日常生活，并成为他们认识世界的新渠道。因此，我们要使思想政治教育优先占领网络媒介这一阵地，借助网络资源开发新的德育阵地，在各种网络信息中体现对主流价值观的引导，在各种网络影视作品中融合对社会主义理想信念的倡导，以便形成具有社会主义道德理念的网络氛围。其次，在各大门户网站开设专门的社会热点问题剖析、社会动态跟踪等栏目，以透明公开、民主参与的形式向群众展示国情、社情、民情，用积极向上的社会主旋律占据网络阵地。与此同时，严格规范网络法律法规，坚决打击危害社会安定的不良言和信息，以保障网络媒介在积极健康的环境中得到永续发展。

五、拓展思想政治教育范围以延伸社会管理范畴

当前的思想政治教育包含了社会发展的指导思想、理想信念、道德规范以及精神风貌等，它不仅对社会成员世界观、人生观和价值观的形成有十分重要的引导作用，而且对整个社会的政治、经济、文化以及社会生活都有极为深刻的影响。因此，要最大化地发挥其功效，就需不断扩大思想政治教育范围，形成家庭、学校和社会三方联动体系，以使这种"精神气质"渗透到社会生活的方方面面，延伸社会管理领域、优化社会管理成效。

（一）提倡社会教育渗透，强化社会管理实践力

社会教育不同于学校与家庭的教育形式，它强调的是对社会文明素质培育的积极关注。因此，要实现将思想政治教育范围延伸至社会领域，形成优秀的社会道德规范，就需做到以下几点。

1. 营造社会氛围推进思想政治教育内化于心

要将思想政治教育内容随着时代发展要求，适时的与社会风俗习惯相融合，形成一种被大众普遍接受的社会风尚。

2. 开展社会活动促进思想政治教育外化于行

这就需要将思想政治教育内容表象化，形成一些通俗易懂，老百姓喜闻乐见的文明标语或标志，使社会成员在耳濡目染中受到启发教育；与此同时，还要在社区或团体组织开展系列性的、周期性的、专题性的社会文化活动，使群众身临其境，形成一致的道德认知与行为规范，引导受教育者进行积极的道德践履，从而强化社会管理的凝聚力。

（二）优化学校教育基础，提升社会管理向心力

学校教育一直以来都是我国思想政治教育的重要基地，是培养德智体美劳全面发展人才的重要途径。学校在道德教育上的全部能力不外是改善学生的道德生活，从而使他们真正地参与到社会道德的改革之中。基于此，要真正发挥学校教育的功效，首先要转变教学模式，注重启发学生智力、激发学生热情、培养学生素养，使学生在学习思想政治教育理论知识的同时，个人价值追求与精神诉求也能得到满足，从而自觉、自愿地树立社会主义价值观，践行社会主义道德规范。其次，要在学校教育中经常开展各种社会实践活动与公益活动，使受教育者在实践中身体力行地感受教育的真谛，提高其社会公德意识，锻炼其坚韧不拔的意志，树立为社会奉献的信念，养成自觉遵守社会规范的习惯，进而促使全体社会成员形成共同的道德精神和责任意识，为社会管理科学民主化发展提供"民心"保障。

（三）发挥自我教育能力，彰显社会管理生命力

学校、家庭乃至社会教育，三者都是一种外在教育形式施加在受教育者身上，这还需要一个内化于心和外化于行的消化与实践过程。而思想政治教育最终要实现其育人、管理功效，最核心的是使受教育者自觉地将社会道德规范转化为自身文明素养。具体而言，首先要不断提升自我认识，不仅要肯定自身的优点，更要努力查找与社会先进人物之间存在的差距，通过对比分析，从而提高自我认识能力和感受能力。其次，要完善躬行践履，在行动中自我内化道德规范，实现自我要求、自我管制，最终达到"慎独"的境界。言而总之，在思想政治教育中发挥个体自我教育能力，能够最大限度地延展思想政治教育领域，最大范围地优化思想政治教育成效，从而以个体的自我完善为依托，实现社会整体的健康发展，进而为现代社会管理提供不竭动力，保持其鲜活的生命力。

第七章 高校思想政治教育改革的路径研究

第一节 加强大学生思想政治素质

《中共中央国务院关于进一步加强和改进大学生思想政治教育的意见》强调指出，大学生是十分宝贵的人才资源，是民族的希望，是祖国的未来。加强和改进大学生思想政治教育，提高他们的思想政治素质，把他们培养成中国特色社会主义事业的建设者和接班人，对于全面实施科教兴国和人才强国战略，确保我国在激烈的国际竞争中始终立于不败之地，确保实现全面建设小康社会、加快推进社会主义现代化的宏伟目标，确保中国特色社会主义事业兴旺发达、后继有人，具有重大而深远的战略意义。

一、加强和改进大学生思想政治教育是一项重大而紧迫的战略任务

（一）大学生是十分宝贵的人才资源，是民族的希望，是祖国的未来。目前，我国在校大学生包括本科生、专科生和研究生约有 2000 万。加强和改进大学生思想政治教育，提高他们的思想政治素质，把他们培养成中国特色社会主义事业的建设者和接班人，对于全面实施科教兴国和人才强国战略，确保我国在激烈的国际竞争中始终立于不败之地，确保实现全面建设小康社会、加快推进社会主义现代化的宏伟目标，确保中国特色社会主义事业兴旺发达、后继有人，具有重大而深远的战略意义。

（二）改革开放特别是党的十三届四中全会以来，党中央坚持"两手抓、两手都要硬"的方针，切实加强和改进对大学生思想政治教育工作的领导。各地区各部门和高等学校认真贯彻落实中央要求，加强和改进思想政治教育工作，在培养高素质人才，推动高等教育改革发展，维护学校和社会稳定等方面发挥了重要作用。当代大学生思想政治状况的主流积极、

健康、向上。他们热爱党,热爱祖国,热爱社会主义,坚决拥护党的路线方针政策,高度认同邓小平理论和"三个代表"重要思想,充分信赖以习近平同志为总书记的党中央,对坚持走中国特色社会主义道路、实现全面建设小康社会的宏伟目标充满信心。

(三)国际国内形势的深刻变化,使大学生思想政治教育既面临有利条件,也面临严峻挑战。国际敌对势力与我争夺下一代的斗争更加尖锐复杂,大学生面临着大量西方文化思潮和价值观念的冲击,某些腐朽没落的生活方式对大学生的影响不可低估。随着对外开放不断扩大、社会主义市场经济的深入发展,我国社会经济成分、组织形式、就业方式、利益关系和分配方式日益多样化,人们思想活动的独立性、选择性、多变性和差异性日益增强。这有利于大学生树立自强意识、创新意识、成才意识、创业意识,同时也带来一些不容忽视的负面影响。一些大学生不同程度地存在政治信仰迷茫、理想信念模糊、价值取向扭曲、诚信意识淡薄、社会责任感缺乏、艰苦奋斗精神淡化、团结协作观念较差、心理素质欠佳等问题。

(四)面对新形势、新情况,大学生思想政治教育工作还不够适应,存在不少薄弱环节。一些地方、部门和学校的领导对大学生思想政治教育工作重视不够,办法不多。全社会关心支持大学生思想政治教育的合力尚未形成。学校思想政治理论课实效性不强,哲学、社会科学一些学科教材建设滞后,思想政治教育与大学生思想实际结合不紧,少数学校没有把大学生的思想政治教育摆在首位、贯穿于教育教学的全过程。学生管理工作与形势发展要求不相适应,思想政治教育工作队伍建设亟待加强,少数教师不能做到教书育人、为人师表。加强和改进大学生思想政治教育是一项极为紧迫的重要任务。

二、加强和改进大学生思想政治教育的指导思想和基本原则

(一)加强和改进大学生思想政治教育的指导思想

坚持以马克思列宁主义、毛泽东思想、邓小平理论和"三个代表"重要思想为指导,深入贯彻党的十八大精神,全面落实党的教育方针,紧密结合全面建设小康社会的实际,以理想信念教育为核心,以爱国主义教育为重点,以思想道德建设为基础,以大学生全面发展为目标,解放思想、实事求是、与时俱进,坚持以人为本,贴近实际、贴近生活、贴近学生,努力提高思想政治教育的针对性、实效性和吸引力、感染力,培养德智体美全面发展的社会主义合格建设者和可靠接班人。

（二）加强和改进大学生思想政治教育的基本原则

（1）坚持教书与育人相结合。学校教育要坚持育人为本、德育为先，把人才培养作为根本任务，把思想政治教育摆在首要位置。

（2）坚持教育与自我教育相结合。既要充分发挥学校教师、党团组织的教育引导作用，又要充分调动大学生的积极性和主动性，引导他们自我教育、自我管理、自我服务。

（3）坚持政治理论教育与社会实践相结合。既重视课堂教育，又注重引导大学生深入社会、了解社会、服务社会。

（4）坚持解决思想问题与解决实际问题相结合。既讲道理又办实事，既以理服人又以情感服人，增强思想政治教育的实际效果。

（5）坚持教育与管理相结合。把思想政治教育融于学校管理之中，建立长效工作机制，使自律与他律、激励与约束有机地结合起来，有效地引导大学生的思想和行为。

（6）坚持继承优良传统与改进创新相结合。在继承党的思想政治工作优良传统的基础上，积极探索新形势下大学生思想政治教育的新途径、新办法，努力体现时代性，把握规律性，富于创造性，增强实效性。

三、加强和改进大学生思想政治教育的主要任务

（一）以理想信念教育为核心，深入进行树立正确的世界观、人生观和价值观教育。要坚持不懈地用马克思列宁主义、毛泽东思想、邓小平理论和"三个代表"重要思想武装大学生，深入开展党的基本理论、基本路线、基本纲领和基本经验教育，开展中国革命、建设和改革开放的历史教育，开展基本国情和形势政策教育，开展科学发展观教育，使大学生正确认识社会发展规律，认识国家的前途命运，认识自己的社会责任，确立在中国共产党领导下走中国特色社会主义道路，实现中华民族伟大复兴的共同理想和坚定信念。同时，要积极引导大学生不断追求更高的目标，使他们中的先进分子树立共产主义的远大理想，确立马克思主义的坚定信念。

（二）以爱国主义教育为重点，深入进行弘扬和培育民族精神教育。深入开展中华民族优良传统和中国革命传统教育，开展各民族平等团结教育，培养团结统一、爱好和平、勤劳勇敢、自强不息的精神，树立民族自尊心、自信心和自豪感。要把民族精神教育与以改革创新为核心的时代精神教育结合起来，引导大学生在中国特色社会主义事业的伟大实践中，在时代和社会的发展进步中汲取营养，培养爱国情怀、改革精神和创新能力，始终保持艰苦奋

斗的作风和昂扬向上的精神状态。

（三）以基本道德规范为基础，深入进行公民道德教育。要认真贯彻《公民道德建设实施纲要》，以为人民服务为核心、以集体主义为原则、以诚实守信为重点，广泛开展社会公德、职业道德和家庭美德教育，引导大学生自觉遵守爱国守法、明礼诚信、团结友善、勤俭自强、敬业奉献的基本道德规范。坚持知行统一，积极开展道德实践活动，把道德实践活动融入大学生学习生活之中。修订完善大学生行为准则，引导大学生从身边的事情做起，从具体的事情做起，着力培养良好的道德品质和文明行为。

（四）以大学生全面发展为目标，深入进行素质教育。加强民主法制教育，增强遵纪守法观念。加强人文素质和科学精神教育，加强集体主义和团结合作精神教育，促进大学生思想道德素质、科学文化素质和健康素质协调发展，引导大学生勤于学习、善于创造、甘于奉献，成为有理想、有道德、有文化、有纪律的社会主义新人。

四、努力拓展新形势下大学生思想政治教育的有效途径

（一）深入开展社会实践

社会实践是大学生思想政治教育的重要环节，对于促进大学生了解社会、了解国情，增长才干、奉献社会，锻炼毅力、培养品格，增强社会责任感具有不可替代的作用。要建立大学生社会实践保障体系，探索实践育人的长效机制，引导大学生走出校门，到基层去，到工农群众中去。高等学校要把社会实践纳入学校教育教学总体规划和教学大纲，规定学时和学分，提供必要经费。积极探索和建立社会实践与专业学习相结合、与服务社会相结合、与勤工助学相结合、与择业就业相结合、与创新创业相结合的管理体制，增强社会实践活动的效果，培养大学生的劳动观念和职业道德。要认真组织大学生参加军政训练。利用好寒暑假，开展形式多样的社会实践活动。积极组织大学生参加社会调查、生产劳动、志愿服务、公益活动、科技发明和勤工助学等社会实践活动。重视社会实践基地建设，不断丰富社会实践的内容和形式，提高社会实践的质量和效果，使大学生在社会实践活动中受教育、长才干、做贡献，增强社会责任感。

（二）大力建设校园文化

校园文化具有重要的育人功能，要建设体现社会主义特点、时代特征和学校特色的校园文化，形成优良的校风、教风和学风。大力加强大学生文化素质教育，开展丰富多彩、积极向上的学术、科技、体育、艺术和娱乐活动，把德育与智育、体育、美育有机结合起来，寓

教育于文化活动之中。要善于结合传统节庆日、重大事件和开学典礼、毕业典礼等，开展特色鲜明、吸引力强的主题教育活动。重视校园人文环境和自然环境建设，完善校园文化活动设施，建设好大学生活动中心。加强校报、校刊、校内广播电视和学校出版社的建设，加强哲学社会科学研讨会、报告会、讲座的管理，绝不给错误观点和言论提供传播渠道，坚决抵制各种有害文化和腐朽生活方式对大学生的侵蚀和影响，禁止在学校传播宗教。

（三）主动占领网络思想政治教育新阵地

要全面加强校园网的建设，使网络成为弘扬主旋律、开展思想政治教育的重要手段。要利用校园网为大学生学习、生活提供服务，对大学生进行教育和引导，不断拓展大学生思想政治教育的渠道和空间。要建设好融思想性、知识性、趣味性、服务性于一体的主题教育网站和网页，积极开展生动活泼的网络思想政治教育活动，形成网上网下思想政治教育的合力。要密切关注网上动态，了解大学生思想状况，加强同大学生的沟通与交流，及时回答和解决大学生提出的问题。要运用技术、行政和法律手段，加强校园网的管理，严防各种有害信息在网上传播。加强网络思想政治教育队伍建设，形成网络思想政治教育工作体系，牢牢把握网络思想政治教育主动权。

（四）开展深入细致的思想政治工作和心理健康教育

要结合大学生实际，广泛深入开展谈心活动，有针对性地帮助大学生处理好学习成才、择业交友、健康生活等方面的具体问题，提高思想认识和精神境界。要重视心理健康教育，根据大学生的身心发展特点和教育规律，注重培养大学生良好的心理品质和自尊、自爱、自律、自强的优良品格，增强大学生克服困难、经受考验、承受挫折的能力。要制定大学生心理健康教育计划，确定相应的教育内容、教育方法。要建立健全心理健康教育和咨询的专门机构，配备足够数量的专兼职心理健康教育教师，积极开展大学生心理健康教育和心理咨询辅导，引导大学生健康成长。

（五）努力解决大学生的实际问题。

思想政治教育既要教育人、引导人，又要关心人、帮助人。高等学校要从严治教，加强管理，改善办学条件，提高教育教学质量，为大学生成长成才创造条件。要加强对经济困难大学生的资助工作，以政府投入为主，多方筹措资金，不断完善资助政策和措施，形成以国家助学贷款为主体，包括助学奖学金、勤工助学基金、特殊困难补助和学费减免在内的助学体系，帮助经济困难大学生完成学业。：要帮助大学生树立正确的就业观念，引导毕业生到基层、到西部、到祖国最需要的地方建功立业。要进一步建立健全大学生就业指导机构和就业信息服务系统,提供高效优质的就业创业服务。通过服务育人、管理育人,把党和政府对大学生的关怀落到实处。

五、努力营造大学生思想政治教育工作的良好社会环境

(一)全社会都要关心大学生的健康成长,支持大学生思想政治教育工作

宣传、理论、新闻、文艺、出版等方面要坚持弘扬主旋律,为大学生思想政治教育营造良好的社会舆论氛围,为大学生提供丰富的精神食粮。要坚持团结稳定鼓劲、正面宣传为主反映高等学校思想政治教育工作的先进典型和优秀大学生的先进事迹。各类网站要牢牢把握正确导向,主动承担社会责任,积极开发教育资源,开展形式多样的网络思想政治教育活动。重点新闻网站要不断改进创新,切实增强吸引力和感染力,在大学生思想政治教育活动中发挥导向作用。要大力发展文化事业和文化产业,为学生提供更多更好的文化产品和文化服务。文化部门和艺术团体要进一步推进高雅文化进校园活动,丰富校园文化生活,提高学生艺术修养。充分发挥爱国主义教育基地对大学生的教育作用,各类博物馆、纪念馆、展览馆、烈士陵园等爱国主义教育基地,对大学生集体参观一律实行免票。各级政府和企事业单位要鼓励和支持面向大学生的公益性文化活动。坚持不懈地开展"扫黄""打非",依法加强对各类网站的管理,净化文化市场和网络环境。

(二)各级党委和政府要为高等学校创建良好的育人环境

要把优化校园周边环境作为推进社会主义精神文明建设的重要任务,结合城市改造和社区建设搞好规划,加强综合治理。要依法加强对学校周边的文化、娱乐、商业经营活动的管理,坚决取缔干扰学校正常教学、生活秩序的经营性娱乐活动场所,严厉打击各种刑事犯罪活动,及时处理侵害学生合法权益、身心健康的事件和影响学校、社会稳定的事端。要为大学生专业实习和社会实践创造条件,提供便利。要把高校毕业生就业作为工作的重要组成部分,常抓不懈,完善毕业生就业市场机制,健全毕业生就业服务体系,落实毕业生自主创业、灵活就业的各项扶持政策。要动员社会各方力量,完善资助困难大学生的机制,帮助大学生解决实际困难。党政机关、社会团体、企事业单位以及街道、社区、村镇等要主动配合做好大学生思想政治教育工作。学校要探索建立与大学生家庭联系沟通的机制,相互配合对大学生进行思想政治教育。

第二节 大学生德育发展在高校素质教育中的地位和作用

思想政治教育，在各级各类学校都要摆在重要地位，任何时候都不能放松和削弱。要说素质，思想政治素质是最重要的素质。不断增强学生和群众的爱国主义、集体主义、社会主义思想，是素质教育的灵魂。

当前，高等教育肩负着培养新世纪人才的神圣使命，正确理解素质教育的内涵，科学处理好德育与素质教育的关系，这是我们在当前高校改革中一个应予高度重视、认真研究、确保落实的问题。

一、科学认识素质教育的内涵

《辞海》对"素质"是从心理学的角度这样定义的："素质只是人的发展的生理条件，不能决定人的心理的内容和发展水平。人的心理素质源于社会实践，素质也是在社会实践中逐步发育和成熟起来的，某些素质上的缺陷可以通过实践和学习获得不同程度的补偿。"素质教育中的素质概念，在内涵和外延上有了新的扩展，融入了教育学、伦理学、社会学及美育、体育等多方面的基本要素，可以说是个综合概念。它包括思想道德素质、业务技术素质、文化审美素质和生理心理素质等要素及品质。而素质教育就是要全面贯彻党的教育方针，把德育、智育、体育、美育等方面有机地结合起来，统一在教育的各个环节之中，以提高国民素质为根本宗旨，以培养学生的创新精神和实践能力为重点，培养造就"有理想、有道德、有文化、有纪律"德智体美全面发展的社会主义事业建设者和接班人。应该说，就21世纪人才的培养与发展而言，这些方面的素质是缺一不可的，必须互相渗透，全面协调发展。

素质教育是社会发展的必然产物，是社会对人才需求发展的必然趋势。素质教育的内涵，即素质教育是充分发挥每个人潜能的教育，是落实全面发展教育方针的教育模式，是现代教育，是注重学生创新精神和实践能力培养的教育，是注重学生个性健康发展的教育，是社会主义市场经济对人才素质特殊要求的体现，是着眼于人的可持续发展的教育，是使人的素质综合发展的教育，是使人的适应性与创造性相统一的教育。

素质教育已成为当今中国的主流。它的提出既是逻辑的必然，也是历史的必然；它关注人的发展，有其特定的现代哲学、心理学与教育学基础；它的实践性与现代性表明，它是全面发展教育在现代的丰富与发展。然而，当前教育界却有不少人不能正确认识和理解素质教育的真正含义，由此导致教育观念混乱，不仅曲解了素质教育的本质，而且将教育实践引入了误区。

实施素质教育要求我们特别注重人的知识、能力和素质结构的和谐发展，以及创新能力、竞争能力和综合能力的全面提高；要求高等教育在人才培养中，要特别注重加强全面的素质教育，建立以高素质创造性为特征的人才培养模式。这种全面的、综合的素质教育的实现，对高等教育提出了更高的要求和崭新的课题，有效地拓展了高等教育的领域和空间。

二、正确认识德育在全面实施素质教育中的地位和作用

德育即思想、政治和品德教育，是学校教育的重要组成部分，它与智育、体育、美育等密切协调，共同育人。德育是素质教育的重中之重，高素质高质量人才的培养，首先要靠德育来保证，要靠科学的理论来导航，要靠高尚的道德品格来驱动。德育在全面实施素质教育中的突出地位和重要作用可以概括为如下几点：

（一）德育在素质教育中居于首位

德育关系到学校的性质、办学方向、培养目标等主要问题，关系到培养出来的人具有什么样的世界观、人生观和价值观，关系到能否培养出德才兼备的合格人才。德育在素质内涵诸成分中处于灵魂的地位，在学校教育中必须把德育放在首位。强调素质教育，并不是教育的方向和目标有所改变，而是对教育提出了更高的要求。因此，在实施素质教育中，必须同样坚持把德育放在首位的原则。

重视德育是我们党多年来一贯坚持和强调的优良传统，也是邓小平教育理论的重要内容。早在1978年4月，邓小平同志就明确指出："毫无疑问，学校应该永远把坚定正确的政治方向放在第一位。"他多次强调："要加强各级学校的政治教育、形势教育、思想教育，包括人生观教育、道德教育。"他提出的培育"四有"新人目标，突出了有理想、有道德、有纪律等思想政治和品德方面的要求。2014年5月习近平与北京大学师生座谈时的讲话指出：一个人只有明大德、守公德、严私德，其才方能用得其所。修德，既要立意高远，又要立足平实。踏踏实实修好公德、私德，学会劳动、学会勤俭、学会感恩、学会助人、学会谦让、学会宽容、学会自省、学会自律。

（二）德育对学生素质的全面提高具有重要的作用

因为德育是一项塑造人灵魂的工程，是教学生如何做人的工作，对大学生的培养和发展来说，德、智、体、美各方面的素质必须协调发展，缺一不可，但思想政治素质是最根本的

素质、最核心的素质。德育作为诸育之首，应当充分发挥其对大学生全面素质的培养和形成所具有的导向、动力、保证作用。

（1）导向作用

在校大学生的年龄一般在 18 岁到 23 岁之间，是获取知识、发展智力的最佳时期，也是他们道德感最积极的发展时期。他们的个性正处在一个形成与发展、稳定与波动并存的活跃的阶段。大学生的社会意识、社会评价、道德认识和道德品质，都需要通过教育者的传授；大学生的社会历史责任感、道德情感、创新与献身精神，都需要教育者的培养；大学生的气质与性格、兴趣与爱好、行为与习惯，也都需要教育者去帮助养成，而这一切教育任务，都是通过大学德育的导向作用来实现的。

德育是素质教育的灵魂之所系，对整个素质教育固然起着统帅和导向的作用，但德育决不能游离于素质教育之外，而是要渗透到素质教育的各个环节之中，贯穿于人才培养的全部过程。德育和思想政治教育虽然是素质教育的灵魂，但灵魂也必须有所依托，必须拥有自己的载体。因此，德育不能脱离其他科学知识的教育，不能脱离智育、体育和美育。而只有渗透到智育、体育、美育的各个环节之中才有可能获得时间、空间上的极大拓展，才会真正贯穿到人才培养的全部领域和全部过程，才会使爱国主义、集体主义、社会主义思想在大学生头脑中真正牢固地树立起来。

（2）动力作用

大学德育要通过思想政治教育、人生观教育和专业思想、职业道德等教育，帮助学生明确学习目的，引导他们把实现个人理想与报效祖国、服务人民紧密结合起来，培养和激发学习动力，不断提高学习的积极性、主动性和创造性，形成相互帮助、竞争向上、活跃有序的学习环境。良好的素质一旦形成，就会变成一种巨大的精神动力，促使一个人朝着既定的目标前进。良好的素质能促使学生刻苦学习，自觉实践，正确地面对各种挫折，经受困难考验，顽强拼搏，不断进取，用自己的聪明才智为祖国和人民做贡献。

道德作为一种特殊的意识形态，具有相对的独立性，它对大学生综合素质的全面形成和发展起着不可忽视的能动作用。在实施素质教育过程中，德育作为核心是大有可为、大有用武之地的。德育的出发点绝不是禁锢人、束缚人、约束人，而是创造条件使人得到全面发展。诚然，德育不能代替智育，但德育能够激发调动学生的主观能动性，促进智力活动。同时，德育在开发非智力因素、培养学生创造能力方面也具有不可替代的教育作用。我们应将教育的视野从智育领域扩展到非智力领域，更多地注重学生道德品格、理想信念和思维方式的教育，更多地致力于发展和开发蕴藏在学生身上的潜在创造性品质，激励并促进他们在情感、道德判断力等诸方面的全面发展。

（3）保证作用

大学生是青年中比较活跃、比较敏锐、观念新颖、敢于创新的一代，而且具有较大的政治能量和社会影响。高校的稳定，不仅是办好大学、提高教学质量和科研水平、培养合格人才的前提条件，而且对于社会生活也会产生巨大的积极作用。因此，通过德育不断提高学生维护安定团结的认识，引导学生正确认识民主与集中、民主与法制、自由与纪律的关系，是十分重要的。由此可见，大学德育不仅对学生素质的全面提高起保证作用，而且对精神文明建设及社会稳定也起到一定的保证作用。

德育的重要使命就是陶冶人性，铸造健康饱满的人格。21世纪的教育，不仅要使学生有知识，会做事，更要学会做人。我们通过对毕业生的跟踪调查发现，少部分毕业生过分重视知识和技能的东西，而忽略了做人的根本，过分重视功利的东西，而忽略了情感和理想。有些用人单位语重心长地提出，学生首先要学会做人，做人是做事的基础，如果人都做不了，还做什么事？诚然，办学要以人为本，做人要以德为本，要成才，先成人，不成人，宁无才。因为做人是做事的基础，是成才的保证，"有德无才要误事，有才无德要坏事。"意大利诗人但丁有句名言："一个知识不全的人可以用道德去弥补，而一个道德不全的人却难以用知识去弥补。"能力不足责任可补；责任不够能力不能补。能力有限，责任无限。中国历史上强调做君子，德胜才是君子，才胜德是小人，德才兼备才是圣人。我们只有把学生培养成有志有为、德才兼备的人，才是对理想、信念、责任的升华。国际上也有许多教育专家认为，现代教育不但要让学生学会生存，而且还要让他们学会关心他人，关心集体，关心社会，关心人类。

总之，办好高校要以人为本、以德为本，在全面实施素质教育中，一定要自始至终地坚持把德育放在首位的原则，这是我国现代化建设的一项紧迫任务，是我国教育事业的深刻变革。因此，高校德育必须按照素质教育的要求进行加强和改进，以充分发挥其在培养适应21世纪需要的合格人才方面的重大作用。

第三节 新形势下高校思想政治教育工作的环境建设

社会环境对大学生良好思想政治素质的形成和提高其影响和作用力越来越大，优化社会环境是大学生思想政治教育工作取得最优效果的重要途径。这是新形势下高校学生思想政治教育工作的一个新特点。

一、环境的内涵

任何社会都是一定的经济基础和上层建筑以及社会意识形态相结合的统一体。经济、政治、文化三个方面的有机结合，使社会得以生存和发展。环境是指作为自然界与人类社会的主体所享有的所有外部条件的综合，是指人生活在其中并给人以影响的整个客观世界，人们生活于这个环境之中，并受到这个环境的影响，形成不同的思想及行为。对人的发展起巨大作用的是社会环境，即社会经济环境、国家政治环境、大众文化环境、民族心理环境等，人的思想和行为与环境有着密切的关系。21世纪是一个高科技时代和信息社会，社会将更加开放，在一个开放的系统中，每一种体现某种思想道德观念的行为，一旦因鼓励或不受惩罚而"风行"为一种倾向性行为，就会形成一种导向。环境对人的思想品德的影响是一种社会导向，环境条件的每一个重大变化都会给人们的政治态度、思想意识、道德水平以直接的影响，总是有形无形地使人们按社会的一定要求去做，具有导向功能；良好的社会环境一旦形成，就会出现一种无形的社会压力，迫使生活于其间的人们不得不尽快消除自己思想政治现状与社会环境的反差，从而对人们思想品质的养成和发展的方向产生一种无形的强制规范作用。社会环境还有激抑作用，它大多表现为良好的社会环境对个体产生一种激励作用，不良的社会环境则会对个体产生抑制作用。社会环境的先入为主、直接具体、时空广泛等特性也极大促进了其对人们的思想品质、政治态度、价值观念的影响。总之，社会环境是一把双刃剑。

二、环境在思想政治教育工作中的功能

环境对人才的培养至关重要，对大学生思想政治教育的作用更为特殊。众所周知，思想政治教育活动是由教育主体、教育对象和环境三个基本因素构成的。思想政治教育要解决的基本矛盾是社会需要的思想政治目标与个体现有思想程度的矛盾。这个矛盾的产生和解决取决于教育者、受教育者和教育环境这三个基本因素的相互联系和个体思想政治素质满足社会的需要，这一目标的实现则是三个因素综合运动、互相作用的结果。社会环境在整个思想政治教育过程中的地位和作用如下：

（一）环境是思想政治教育的载体，是构成思想政治教育过程不可缺少的有机组成部分

任何思想政治教育活动，尤其是学校的思想政治教育工作总是由教育者参加，而教育者在教育活动中始终居于主导地位，有计划、有组织、有目的、有措施地对受教育者实施主动教育。但无论是教育者的教育，还是受教育者接受教育或实现自我教育，都离不开一定的环境。

没有环境，就谈不上教育。

（二）环境对个体的思想政治行为起着潜移默化的作用

社会环境对教育效果有着十分重要的影响，这种来自外界的影响不论是积极的还是消极的，不管是物质的还是精神的，都直接关系到人们的思想、观念、行为的形成，这就决定了不同时代的人，或同一个时代处于不同社会环境的人，在思想政治素质方面存在明显的差异。

（三）社会环境对大学生具有更大的力量

社会环境具有真实、客观、具体、形象等特点，它对大学生的影响要比学校教育更强烈、更奏效。大学生正处在社会化的关键时期，社会环境中的各种现象、事物都能引起他们极大的兴趣，并为他们所仿效。大学生这种积极主动接受社会环境的影响和教育，便构成了社会环境对大学生积极主动的思想政治教育有更大教育力量的重要基础。

三、优化思想政治教育工作环境的途径和方法

综上所述，社会环境包围着大学生。优化社会环境是新形势下大学生思想政治教育取得最优效果的重要途径，是功在千秋的伟业。思想政治工作者如果看不到这一点，那将是战略性的失误。优化社会环境是一个系统工程，需要做的事很多，当前应主要从以下几方面入手：

（一）净化社会风气

净化社会风气是优化社会环境的首要任务。我们今天面临的是改革开放的环境和市场经济体制的氛围，可以说，目前我国社会风气的主流是好的，但市场经济的消极因素，如拜金主义、享乐主义、个人主义、功利主义等腐朽思想对大学生的影响十分严重。社会上流传的"学校德育百日功，顶不住校外一阵风"显然有夸大之嫌，但它告诉我们有越来越多的大学生成为社会不良风气的受害者。净化社会风气的关键在于抓好执政党的党风建设，党风对社会风气起着引导、制约和决定的作用，党风在客观上是民风的楷模。严惩腐败现象对党风的好转和社会风气的净化有积极的促进作用。净化社会风气的根本在于加强公民道德教育。社会风气的好坏直接取决于全社会每一位公民的道德修养水平，只要我们坚持不懈地向每一位公民进行职业道德、家庭美德和社会公德教育，依靠道德的规范和法制的强制共向作用，社会风气一定能够得到净化。

（二）弘扬主旋律

社会导向对人的思想政治素质的形成和发展影响很大，对思想政治教育的影响和制约更为直接深刻，它对引导社会成员的言行具有很强的权威性。高举建设有中国特色的社会主义

伟大旗帜，坚持党的基本路线，发扬爱国主义、集体主义、社会主义精神，继承中华民族的传统美德，同心同德，艰苦创业，为实现社会主义现代化建设的宏伟目标而奋斗，这是当代中国的主旋律。优化社会环境必须从净化人们的心灵抓起，加强精神文明建设，真正做到以科学的理论武装人，以正确的舆论引导人，以高尚的精神塑造人，以优秀的作品鼓舞人，不断培养和造就"四有"新人。弘扬主旋律是历史发展的客观要求，也是优化社会环境的根本举措。要运用道德、法律、行政、经济等手段促进主旋律的弘扬，确保爱国主义、集体主义和社会主义这个三位一体的主旋律，在建设有中国特色的社会主义历史舞台上始终发出时代的最强音。

（三）优化教育环境

创造良好的教育环境是学校的神圣职责和优势，但在有些地方校内教育环境并没有实现应有的优化。当前优化教育环境应从以下几方面做起：

（1）优化德育环境

十一届三中全会以后，我们党成功地实现了工作重心的转移，但学校教育怎样实现自身工作重点的转移，则是一个始终没有完全解决好的重大问题。集中表现在办学指导思想上重智育、轻德育，没有把德育放在学校教育的首位，以致出现"德育弱势"。所谓"德育弱势"，从教育者来说突出表现为德育仍然处于"说起来重要，做起来次要，忙起来不要"的境地；从受教育者来说，突出表现为"学起来应付，做起来走样"。在一些学生那里，德育仅仅被当作应试的工具，应聘的装饰。因此，优化德育环境必须排除各种干扰，使全社会都要担负起这个责任，共同关心青少年的健康成长。

（2）优化校园环境

建设科学、健康、高雅的校园文化，努力提高学生文化素质和学校的文化品位，是优化校园环境的关键。当前应做好如下工作。

首先要大力培养优良的校风学风。在学风建设过程中，注意社会性、科学性、民族性等特点。根据自身院校的特征，形成各具特色的良好学风，是当今校园文化建设的新课题。

其次要建立和健全优良的制度体系。严格遵循从严治校、是非分明、积极引导、相互配合等原则，使管理工作不断丰富其思想内涵，把思想政治教育工作渗透到管理工作的各个环节中去。

再次要建设和维护优美和谐的校园环境。环境既是学校物质文明建设的成果，又是学校精神文明建设的反映，它对学生精神的陶冶和感染作用不应低估。

第四要组织和推动丰富多彩的校园科技文化体育活动。这是活跃校园生活、提高人文素质、形成优良校风的重要组成部分。

总之，要通过校园文化建设，促进学校各部门工作之间紧密配合，做到协调有序地正常运行，使整个思想政治教育工作的系统性功能得以发挥。

（3）优化校园网络信息

互联网也是一把双刃剑，它的产生和越来越广泛的应用给高校思想政治教育工作提出了新的课题。高校不再是封闭的"象牙塔"，学生也根本不可能做到"两耳不闻窗外事"。相反，现在的高校已经成为社会信息化程度最高的团体，同时也是综合信息量最庞大的焦点。计算机互联网络上的内容纷繁复杂，其中不乏精神垃圾，其对大学生思想上的影响不容忽视。可以说，网络正在改变着当代大学生的学习和生活模式，影响着大学生的价值观和人生观。高校应充分认识互联网对思想政治教育工作的影响，要通过加强指导、强化管理、堵疏结合、趋利避害等措施，牢牢把握思想政治教育工作的主动权，积极应对信息网络技术的挑战。

综上所述，人的政治思想和道德观念是在社会的经济、政治、文化等关系中形成和发展的，当代大学生的成长及其思想政治素质也必然受到社会环境的影响。良好的社会环境会使培养跨世纪人才的思想政治工作事半功倍，这是新形势下高校思想政治工作的一个新特点。全党全社会都应致力于此，努力为学校的思想政治工作创造一个良好的社会育人环境。

第四节 大学生思想政治教育在高校素质教育中的特殊地位

在和平与发展成为两大主题的时代，全球性科技与经济竞争日趋激烈，一些发达国家将科技进步作为称霸世界经济甚至主宰整个世界的首要工程来组织实施。而更多的发展中国家也越来越认识到：如果没有科学技术水平的不断提高，如果不以先进的科学技术来不断地武装生产力，就不能从整体上发展国家的综合国力，就不能振兴一个民族。然而，科技的竞争、经济的发展、综合国力的提高，归根到底要由高素质的人来完成。因此，发达国家也好，发展中国家也好，都把培养高素质的新型建设人才作为进一步壮大国势的根本基础。这样的现状，对我国提出了过窄过死的专业教育模式必须向适应型复合式素质教育转变的新要求。《面向21世纪教育振兴行动计划》中提出：实施"跨世纪素质教育工作"，整体推进素质教育，全面提高国民素质和民族创新能力，要从总体上提高国民的综合素质。这里所谓的综合素质，从一般的意义讲，主要包括政治思想素质、社会公德素质、人文知识素质、专业技术素质等几个方面。其中思想品德素质是第一素质，这是由一个政党、一个国家、一个民族培养接班人的根本原则和目标所决定的。现阶段我国教育界很多的学者专家，或就自己的从教经历、或从我国现代化建设实际出发、或参照一些发达国家加强素质教育的具体做法，都从不同的角度提出了很多适合我国当代现状的素质教育方案与对策，都认为必须把思想品德素质教育放在首位。关于对思想品德素质要求的内涵，不同的国家由于意识形态的不同而不同。社会主义国家有社会主义国家的标准，资本主义国家有资本主义国家的标准。以马克思主义者的观点讲，一个人只有在具备良好的政治思想素质的前提下，才能将自己所学到的专业技能运用于祖国的建设事业，才能为民族的振兴贡献全部力量，也才能为人类的正义与进步事业积极努力。

一、充分认识新时期高校思想品德素质教育的重大意义

我国是社会主义国家，我们的大学是共产党领导的社会主义大学，我国人民民主专政的社会主义性质决定了我们培养的人才必须具有坚定的共产主义信念，牢固树立马克思主义世界观和人生观，愿为党的事业和社会主义事业奋斗到底。

以马克思主义辩证唯物论的观点看，人的正确思想和世界观的形成不是先天的，而是通过后天的教育引导不断形成发展起来的，并且随着时代的发展和社会的进步而不断地发展变化。青年一代是民族的希望和祖国的未来，我们党领导全国各族人民经过千辛万苦所开创的伟大事业，就是要靠一代又一代青年不断地去完成、去振兴。而大学生是社会公民中接受教育时间较长，掌握科学文化知识较多的高素质的劳动者，他们将来所承担并完成的事业技术性较高，其中的佼佼者对社会的发展与进步所发挥的作用是一般劳动者所不能代替的。他们的思想和世界观、人生观正处于培养形成阶段，具有很大的可塑性，如果不以马克思列宁主义、毛泽东思想、邓小平理论、"三个代表"重要思想和科学发展观，以及社会主义道德标准去教育和引导他们，那么，他们就不能树立远大理想和坚定的共产主义理想，即使具有很高的技术技能，也不能为人类的和平与进步事业做出积极贡献，更不能承担起历史所赋予的光荣使命。所以说，实施素质教育，不仅使他们掌握较高的现代科学文化知识，更重要的是把他们培育成为具有坚定信念和高度爱国意识的共产主义者。这是我们党在接班人培养中坚持的根本原则。

当今世界，和平与发展尽管已经成为时代两大主题，凡是爱好和平的人民都希望有一个祥和安定的工作和生活环境，安下心来搞建设，但整个世界并不平静。首先，世界霸权主义强权政治和侵略图谋依然存在，对世界社会主义的发展形成很大威胁。其次，西方资本主义国家从本质上就不希望中国发展起来，更不希望中国强盛起来。因此，他们妄想分化和西化

我中华民族的阴谋诡计也没有放弃，而且随着我国现代化建设的不断发展，他们企图和平演变社会主义国家的步伐疯狂加快，其手段更为卑劣，严重干扰和破坏我国现代化建设事业的顺利进行。第三，一些民族分裂分子互相勾结，在西方敌对势力支持下，他们有的千方百计制造混乱，有的利用宗教、台湾等问题，不择手段地从事破坏民族团结、破坏安定团结的政治局面的活动，时时处处制造不稳定因素。

从国内现状看，党的十一届三中全会以来，在邓小平理论指导下，我国全面实行对内搞活、对外开放的政策，工农业生产和科教事业得到迅速发展，综合国力不断增强，人民生活水平普遍提高。实行改革开放以来，我国在经济、科技、教育、文化、管理、经贸等领域与世界发达国家的交流不断扩大。这一策略的实施，一方面使我国在经济建设、科学技术、文化教育等方面都得到了很大发展。另一方面，西方资本主义国家一些与我国社会主义本质不相容的东西随之侵入，给人们的思想带来很大干扰。同时，由于市场经济的不断发展，在人们的心目中金钱的感召力越来越大，一小部分人崇尚自我利益的实现。表现在现实中，便是以我为主，在一切社会活动中"私"的分量大于"公"的分量。这种状况不仅存在于普通群众之中，在部分领导干部中也并不少见。有的领导干部利用手中人民赋予的权力，损公肥私，置广大人民的利益于不顾，贪图享受，严重损害了国家和人民的利益，也严重损害了党在人民群众中的崇高形象。这一系列的社会现象，对当代大学生无不产生影响。加之他们中的绝大部分生活在我国改革开放初见成效的时期，在学习、生活等方面基本上没有经受过艰苦岁月的磨炼。他们的学习和生活条件比起十几年前的大学生当时的条件要优越得多。这里首先应当肯定，当代大学生绝大部分思想坚定，积极上进，学习刻苦，具有较高的思想道德情操。但我们也要十分现实地看到，他们中的相当一部分人由于受各种消极思想和社会上不正当享乐现象的影响，生活上贪图享受，盲目追求所谓的时髦；学习不求上进，生活中讲排场、耍阔气；对个人价值的实现没有真正意义上的追求；社会公德意识淡漠，有的甚至社会公德差等。当代大学生中这些现象的普遍出现与广泛存在，的确令人担忧，如果任其自然发展下去，后果不堪设想。因此，现阶段我国在实施素质教育中把思想品德素质教育放在首位，具有重大的现实意义和深远的历史意义。

二、素质教育中把德育放在首位是党的教育方针的核心

我国人民自古以来就具有重视思想道德修炼的美好传统。古代的思想教育家孔子说过："弟子，入则孝，出则悌，谨而信，泛爱众，而亲仁。行有余力，则以学文。"他所提倡的品德修炼，其内容的要求高度与我们今天倡导的"德"有所不一，但内涵是完全一致的。

自新中国成立以来，我们党始终贯彻德智体全面发展的教育方针，以培养有社会主义觉悟的有文化的劳动者为目标。周恩来同志在1950年全国教育工作会议上的讲话中指出："我们的教育是大众的，是为人民服务的，这是我们的教育方向。"毛泽东同志在1957年《关于正确处理人民内部矛盾的问题》中明确指出："我们的教育方针，应该使受教育者在德育、智育、体育几方面都得到发展，成为有社会主义觉悟的有文化的劳动者。"后又提出：教育必须为无产阶级政治服务，必须同生产劳动相结合。在这样的教育方针指导下，我国培养出了一大批具有坚定的共产主义信念，对党的事业无限忠诚的社会主义事业的建设者。他们中有在科技领域做出杰出贡献的陈景润、陈章良等，有忠实的人民公仆焦裕禄、孔繁森，也有无数雷锋、徐虎式的无名英雄。随着我国社会主义现代化建设事业的不断发展，我们党的教育方针始终以马列主义毛泽东思想和邓小平理论为指导，以培养德智体美劳全面发展的新型建设人才为目标。

总之，青年学生只有具备了共产主义道德品质，他所学到的知识才能服务于全人类的进步事业。因此，我们要"把青少年培养成为忠于社会主义国家，忠于无产阶级革命事业，忠于马克思列宁主义、毛泽东思想、邓小平理论的优秀人才，将来走向工作岗位，成为有很高的政治责任心和集体主义精神，有坚定的革命思想和实事求是、群众路线的工作作风，严守纪律，专心致志地为人民积极工作的劳动者"，把个人价值的实现融于全心全意为人民服务之中。

综上所述，我国高等教育中实施素质教育，必须始终不渝地贯彻党的教育方针，高度重视思想道德素质教育。不仅要使学生学到适应现代化建设需求的业务技术技能和处理解决复杂问题的能力，更重要的是教育他们树立坚定的共产主义信念，树立正确的人生观和价值观，在政治上、业务上健康成长，为将来走向社会主义现代化建设主战场打下坚实的思想基础和业务基础。

第五节 加强美育教学，提高大学生艺术鉴赏能力

党的十八大报告在谈到扎实推进社会主义文化强国建设时提出："全面提高公民道德素质。这是社会主义道德建设的基本任务。要坚持依法治国和以德治国相结合，加强社会公德、职业道德、家庭美德、个人品德教育，弘扬中华传统美德，弘扬时代新风。"那么何谓"素质"？何谓"素质教育"？它们之间又有些什么样的内在联系？对此，理论界的意见是不一致的，因此要想弄清楚"素质教育"，不妨先从何谓"素质"入手。

一、时代需要素质教育

单纯去从"素质"这个概念上去讲，《辞海》中说它主要是指感觉和神经方面的生理特点，并且带有先天的特征。素质本身是无法教育的，而素质教育这一概念从根本上讲，则可以说是在人的固有的感觉器官和神经系统的生理条件基础上，开发和促进人的心理发展，并赋予人的心理内容和提升人的发展水平的工作与活动。一个是生理的东西，一个是心理的东西；一个是先天性的，一个是后天性的；一个是潜在的，一个是发展的；一个是不完善的，有缺陷的，一个是需要获得的，需要补偿的。这样理解，也就看清了素质与素质教育之间内在的联系。毫无疑问，素质教育不是一般的知识教育、技能教育、操作教育，而是一种具有开发性的心理教育、情感教育、意志道德教育和人的整体发展水准教育。归根结底，素质教育是一种世界观、人生观、审美观和价值观的教育。因为人的素质在未经过各种社会实践（包括学习）锻炼之前，注定带有某种不适应性，带有某种缺陷。所以，从这个意义上讲，素质教育其实是一种可以起到弥补和代偿作用的补偿教育，亦即通过合理而有效的社会实践途径，使人的健康优秀心理内容发育和成熟起来，以纠正先天的不足。那种把素质教育仅仅看作是应试教育、专业知识教育的对应物，或者把素质教育简单定位在适应社会市场人才需求的技能教育的看法，显然是具有片面性的。应试教育是一切围绕着升学、考试的教育模式，固然是失当的。但能说素质教育就是摆脱一切围绕升学、考试的教育模式吗？摆脱了又该干什么？难道应试教育就是没有特点的素质教育？如果将素质教育变成仅仅为就职择业服务的所谓本职、技能教育，那它在科技文化迅猛发展的今天还能有多大的吸引力和说服力？所以，问题的关键还是要通过一定的方式和手段来决定和影响人的心理的内容，来推进人的全面发展水平的提高，这应当是素质教育的基本方向。

素质教育是时代发展的需要。21世纪的今天，多学科的结合是科学发展更为突出的特点，人才的基础知识结构也将即专又博，特别是对人、对事物的观察和思考，如何具有辩证的世界观和方法论，能将真善美的因素作为一个整体统一起来，并具有创新意识，将成为人才所具备的心理素质的重心。另外，从个体思维发展规律也能看到素质教育的重要性，从"动作思维"到"形象思维"再到"逻辑思维"，这是个体思维发展不同的阶段，任何一种新的心理过程或心理特征，都不是瞬间骤然产生的，它在产生之前，就已逐渐有了萌芽形式的孕育过程，而这一新的心理过程和心理特征形成之后，又不会是静止的、不变的，它仍将处于不断的发展、变化或完善之中，这就要求应当有一个适当的"素质教育"始终伴随其中。从实际情况来看，由于经济生活的变化，各种思潮的影响，社会活动空间的扩大，教育领域确实产生了一些需要重视和解决的问题。"高分低能"是一种表现，学生有较多的知识和专业文化，并不一定代表其态度与专业知识水平成正比，束缚和制约着他们向高层次的发展。这说明，端正世界观、人生观、价值观，开展全面的素质教育，有着极其现实的必要性。

二、艺术教育是素质教育的重要组成部分

素质教育是一个系统，而艺术教育则是素质教育的一个有效手段和一个不可或缺的重要方面，由于艺术教育古今中外概莫能外的实质恰恰是通过情感与心理中介的训练和培养达到影响人的审美观、人生观、价值观的目的，因此它在决定人的心理内容和发展水平上，在弥补人的素质缺陷上，在促进人的健康的心理成熟上，有着其他教育方式不可替代的功能。它是一种心灵的体操，一种灵魂的净化剂，最能穿透某些人感情麻木的铠甲，使受教育者在内心世界留下深深的印痕。

艺术教育实质是培养人的审美情感，塑造人的审美心理结构。而审美心理结构是指人们欣赏和创造美的活动中各种心理能力，及丰富的想象力和深刻的理解能力的协调统一。正如人们所说：教育科学之所以伟大，正是因为它有意识地为塑造人的心理结构而努力，人要获得一种结构、一种能力、一种把握世界的方式，而不只是知识。知识是重要的，但知识是死的，而心理则是活的能力和能量。这种高层次的审美心理结构的形式，首先是要使人们具有丰富的内在情感，而内在情感的体验和积累，只有通过外部自然形式、艺术形式和社会形式的把握才能完成，所以只有艺术教育才能完成这个任务。近年来的艺术教育研究成果表明，教育中实施艺术教育是不局限于狭义的概念，它应是全民素质教育的重要组成部分，因此艺术教育的内容应该包罗一切引起人们美感的客观事物，自然美、社会美、生活美、艺术美都是艺术教育的极好内容，人的审美观、审美意识是在社会实践中发展起来的，这说明无论审美对象还是审美主体都是社会实践的产物，正是由于社会观方面产生了客观世界的美，也在主观方面产生了人对客观世界的审美意识，但个体审美心理、意识的构建却是要通过艺术教育来实现，只有通过各种艺术教育实践活动才能培养人们具有健全的审美心理结构，使人的感觉、知觉、情思、现象、理解等各种能力得到提高和相互协调。因此，艺术教育就是运用人类在长期的实践活动中所创造的各种产品和总结出来的艺术欣赏、艺术创作规律来影响个体的感官和心理，增强其审美创造力，与此同时又把那些因贫困、因不合理的制度和片面的教育而失去的感受力恢复和发展起来，使个人在比较短的时间内，以一种较为平衡协调的心理结构去对美的现象或形式做出正确反应，从而促进和影响其智力的发展、行为的高尚、心灵的完善。如今，时代条件和生活质量都提高了，我们理应把艺术教育搞得更好，使它在整体的素质教

育中发挥出更大能量。

三、艺术教育在素质教育中具有独特作用

　　艺术教育包括技能教育，但不能归结为技能教育。艺术教育说到底是人的精神文明教育，或简明地说是"修养"的教育，是"灵魂"的教育，是"做人"的教育。艺术教育看起来是对人的微观行为的教导，是人的情感世界的东西，但它对人的宏观方面的建树和成长，对人的全身心的发展，起着潜移默化的促进和补充作用，它与思想政治教育、道德伦理教育、行为规范教育一道，相互配合又相互渗透地在人的整体心理和精神素质塑造方面发挥着功能。早在古希腊时期，亚里士多德就谈到："音乐应该学习，并不只是为着某一目的，而是同时为着几个目的，那就是教育、净化、精神享受，也就是紧张劳动后的安静和休息。"这里，显然是把心理、精神领域的"教育"、"净化"和"审美"的因素提到了显著的位置。列宁有句名言："没有'人的感情'，就从来没有也不可能有人对真理的追求。"这对我们理解艺术教育在素质教育中不可替代的独特作用是有帮助的。正是艺术教育波及心灵的感情色彩，容易成为引导人们走向光明和美好的火炬。

　　强调艺术教育的精神内涵，一则是与艺术教育特质相吻合，一则也同党的基本方针相一致。贯彻党的教育方针，关键是重视受教育者素质提高，培养德、智、体、美等方面发展的社会主义事业的建设者和接班人。艺术教育是教育方针的题中应有之义，是为提高受教育者素质的全面发展服务的。归根结底，是要培养适应社会主义现代化需求的"四有"新人。从文化社会学意义上来说，素质主要指"思想道德素质"和"科学文化素质"两方面，"体魄心理素质"是一个物质基础性因素。这三者是有区分性的。而在这三个领域中，具有相关性功能的正是审美艺术教育，审美价值取向对一个人的德、智、体三方面的发育和成熟，对形成共同理想和精神支持，对心理和人际能力调整，都发挥着规律性的积极导向作用。以理想教育为例，它可以是多样的，有层次的，但不能是"多元"的，道德教育亦是如此，它应分级、分档、区别对待。但道德哲学和原则不应是"多元"的，这样就需要在理想和道德教育中把先进性和广泛性结合起来。谁能在这个"结合"中扮演一个难以扮演的"协调"角色呢？看来最有效的还是审美艺术教育。这也就是缘于它的"整体相关性功能"。从这种定位出发，强调艺术教育的"精神净化"作用，强调艺术教育自身的"心理"和"境界"的气质性，强调它在心灵和智力支持上的动力性，也就有了较为坚实的根据。因此，审美艺术教育尽管有自己相对的独立性，但它还是和其他三方面相辅相成。以思维道德教育来说，审美艺术教育通过美的事物陶冶青年学生，使之形成高尚的情操和志趣，这自然有助于青年学生思想品德

提高。就思想道德修养这门课本身来讲，如果能贯穿审美教育的形象性、情感性原则，也必然会收到好的教育效果。思想教育工作的经验普遍证明，公式化、概念化生硬与抽象的说教效果是不尽如人意的，因而有人就提出通过审美教育的桥梁进行思想道德教育，动之以情，晓之以理。这种有机的结合，无疑将有助于克服片面性。单从这个角度来看，也能证明进行素质教育和在素质教育中加强艺术教育的必要性。

四、时代呼唤加强艺术教育

艺术教育的水平，在相当大程度上体现着社会文明的水准，体现着教育的水准。艺术教育在整个素质教育系统工程中，虽不能说处于"中心"地位，但也绝不是处于"边缘"状态，它既有正面建设的功能，也有可以帮助道德教育、思想教育起到廓清消极、腐败、落后和污秽所产生的精神垃圾的功能。任何一个明智的教育家都会意识到：光有品行没有知识是脆弱的，但没有品行光有知识是危险的，是对社会的潜在威胁。现在我们之所以强调素质教育，其原因就在于，面对国际间科学技术的迅猛发展和综合国力的激烈竞争，面对世界范围内各种思想文化的冲突激荡，面对民族振兴事业兴旺的历史性任务，振奋起民族精神，凝聚和激励起人民的力量，培养出一代代高素质的人，这才是最根本的关乎全局的大事。在这一大背景下，呼吁和支持艺术教育在条件可能的情况下尽量出现在素质教育的前台，就有了更加突出的迫切性。

当今艺术教育尽管已成为素质教育中的一个热门话题，但艺术教育在素质教育中所要达到的目标，怎样在艺术教育中实施素质教育，艺术教育在素质教育中的地位和作用究竟如何，还有许多深入的理论问题需要探讨。目前艺术教育在素质教育中的现状、艺术教育在自身科研方面相对滞后等问题，应该努力加以改善。要真正切实地实施艺术教育，还会遇到许多实际问题和困难，这就需要进一步探求解决的办法和途径，同时也需要尽快建立起高效能的艺术教育网络，打开一个全新的局面。

第六节 高校思想政治工作与干部整体素质的提高

高校是培养高级专门人才的重要阵地，以实现受教育者成为"有理想、有道德、有文化、有纪律"的社会主义事业的建设者和接班人为目标开展教育活动。这一目标能否实现，实现的程度如何，主要取决于从事高等教育的广大干部和教师的素质及其提高。

一、干部整体素质的提高是高校思想政治工作的必然要求

在高校长期思想政治工作的实践中，已经形成了包括学校党委、组织、宣传、党校、党总支、党支部、团委、团总支等各级干部，以及"两课"教师、辅导员和班主任为主体的专兼职学生思想政治工作队伍，发挥着主力军的作用。从高校立德树人的角度出发，高校的每一位干部，都是思想政治工作干部队伍的一员。他们的整体素质如何，将直接影响着高校思想政治工作的水平和效果。因此，提高干部整体素质不但是干部工作的重要内容，也是加强和改进大学生思想政治工作的必然要求。

高校人才济济，且不说专家、学者、教授层出不穷，就是大学生群体，在不同的学习阶段，也程度不同地获得了各方面的专业理论知识和技能。他们思想活跃，易于接受新事物，外语和计算机基础较好，独立思考能力强，价值取向较高。面对这样的群体开展思想政治工作，必须从全面提高施教者，即干部整体素质入手。常言道：打铁先须自身硬。首先，要树立坚定的理想信念，明确用科学理论武装人是思想政治工作的首要任务，认真学习马克思主义、毛泽东思想、邓小平理论、"三个代表"重要思想和科学发展观，打好扎实的理论功底，充分发挥理论在思想政治工作中的基础性作用，不断增强马克思主义理论的说服力和战斗力。闻道有先后，术业有专攻。只要广大干部肯钻研，求上进，就会成为思想政治工作的行家里手，就不会在教育对象文化素质高、见识广、独立思考能力强等优势面前"怯场"，就不会感到自己讲的，别人都懂，甚至比自己懂得还多而缺乏信心。其次，要注意对理论的消化和吸收。理论由于它的逻辑严密性、概括性和抽象性，决定了其具有枯燥、呆板和难以理解的特点。各级干部在开展思想政治工作时，要在理解和掌握理论的前提下，以生动形象、通俗易懂的形式和事例表达出来，便于广大学生接受。加里宁在《论共产主义教育》中说："你要是说话，那得说自己的话，那样，人们就会听得入神一些。"这就是理论工作和教育工作的功夫，是素养的体现，即所谓的"深入浅出"。相反，从理论到理论，讲"套话"，扮"官腔"，没有自己的理解和真情实感，话讲得再漂亮也苍白无力。有些道理之所以难以被广大学生掌握和接受，一条很重要的原因，就是有的干部不下工夫思考，不讲自己的话，而是照本宣科、念材料、读报纸，去讲书、材料、报纸上的原话，听起来索然无味，不但降低了自己的威信，也削弱了思想政治工作的能力。再次，要不断更新知识结构，扩展知识面，善于分析新情况，解决新问题，不断总结经验，为思想政治工作服务。当今时代，科学技术发展迅速，新知识、新观点不断涌现。高校通过深化改革，专业结构和课程设置有所调整和充实，有些新知识、

新观点已付诸于教学实践。各级干部要增强学习新知识的紧迫感,开阔眼界,注重新情况、新问题的素材性研究,必须随时"充电",确立终身学习的理念。通过攻读学位、进修、培训以及到国内外高校参观、交流等办法,增加各级干部的现代管理知识,强化能力培养。从高校发展趋势和改革的要求看,各级干部必须要成为既懂专业,又精于管理、善于服务的复合型人才。

二、实践环节是提高干部整体素质的重要手段,也是搞好高校思想政治工作的有效途径

这里说的实践,一方面是指各级干部都承担思想政治工作的责任,对广大学生做好宣传、教育、引导等工作;另一方面各级干部都要实践党的宗旨,以自己在学习工作和生活中的模范作用给广大学生树立良好的榜样,用行为对广大学生进行引导和教育。

高校大学生来自五湖四海,在性格禀赋、地域和民族风俗、家庭条件、学习基础和目的等方面都有所差异。在新的学习环境中,他们总会遇到这样或那样的不适应和困难,并由此引发一些思想上的疑问和困惑。此时,党团组织、思想政治教育骨干要主动热情地帮助他们解决实际困难,并辅以耐心细致的思想工作,让他们感到学校这个大家庭的温暖。只有人的较低层次需求被满足后,才会对较高层次的需求产生渴望。此时,各级干部可以通过谈心、调查问卷、党团课辅导、健康有益的文体活动等有效途径,尽可能地掌握大学生的思想动态、需求和愿望,并加以引导,有的放矢地开展思想政治工作,使他们逐步完善健康人格和道德自我约束机制,逐步树立正确的世界观、人生观和价值观。

思想政治工作的重要方法是教育,但身教重于言教。群众的眼睛是雪亮的,要求教育对象做到的,党员干部首先要做到。如果说一套,做一套,说的大道理都是要求别人的,自己不起模范作用,那说得再好也是白费工夫。高校最基本的职能是生产精神产品、做人的工作。各级干部所进行的思想政治工作,其贡献主要不是有多大的政绩,也不是创造了多少物质财富,而是他们所实践的作为一个党员、一个干部、一个思想政治工作者的价值。在实践中,要努力使自己成为"一个高尚的人,一个纯粹的人,一个有道德的人,一个脱离了低级趣味的人,一个有益于人民的人"。有的干部声称与党中央保持高度一致,在大是大非面前旗帜鲜明,但在诸如分房、福利、职务职称晋升这样一些"小"事上,:耍小脾气,闹小情绪,斤斤计较。还有的要求学生上课不能迟到早退,自己却不按规定时间上下班,要求学生上课不玩手机,自己却在工作岗位上打游戏,网络购物等。这些现象不是"小"问题,而是"大"事情。反观他们在进行大学生思想政治教育工作时,是对别人的说教,没有亲身实践,所以谈不到用人格力量和道德实践教育、引导广大学生。

三、坚持以学生为本，不断提高干部整体素质，加强和改进高校思想政治工作

高校坚持以人为本的核心是坚持以学生为本。大学根本的社会功能是培养数以万计的专门人才和一大批拔尖人才和创新人才。大学生既是大学的主体，也是大学的生存之本。坚持以学生为本，就要做到一切为了学生，为了一切学生，为了学生的一切。把学生的成长发展需要当作第一考虑，把学生的满意作为第一标准。满足学生成长需要和促进学生全面协调发展是大学进行一切教育教学活动的出发点和归宿。

本者，根也。坚持以学生为本，可以从两个方面理解：一是要把大学生作为学校的生存之本，办大学就是为了培养大学生。二是要把促进学生发展看作学校发展之本，学校要发展，关键在于学生质量和特色，而学生的质量和特色，又取决于学校的发展水平。

高校各级组织要坚持以学生为本，紧紧围绕学校改革和发展，在加强党员干部和教职工思想政治工作的基础上，不断探索和改进学生思想政治工作的新路子、新方法。

第一，要建立适应社会主义市场经济体制的思想工作机制。在当前复杂的国内国际环境中，思想政治工作要保持和发挥学生专业学习所不能替代的政治导向机制；要确立以人为本，理解、关心、尊重学生，为他们的健康成长多办实事的服务机制；坚持既严格又热情帮助，晓之以理，动之以情，以理服人，以情感人的激励机制；建立灵敏、准确、及时掌握学生思想脉搏的信息反馈机制。

第二，要确立以提高学生思想道德素质为目标的思想政治工作的思路。适应"以德治国"的方针和教育体制由应试教育向素质教育转变的需要，立足于以学生的全面综合素质的提高为目标，培养学生的创造力；营造良好的教育氛围，为学生的全面发展创造条件；加强素质教育的基础条件和设施建设。

第三，改善思想政治工作途径、内容和方法。一是要联系实际，多联系社会实际、学生思想实际，教育内容要生动活泼；二是教育方法避免简单、生硬，切忌粗暴的行政命令。要丰富校园文体活动，开展适合学生思维、心理、生理特点的教育活动，启发学生自我教育和管理；三是定期进行综合测评，不仅要了解学生"两课"的考试成绩，更要考察学生平时的言行表现，进行综合评估；四是教育贯穿于学生管理、服务的整个工作中。

第四，要切实加强"两课"教学，重点引导学生掌握马克思主义的基本立场、观点和方法，用正确的理论指导学生的社会实践、人生实践和道德实践，促进学生由他律向自律转化。教学和科研相结合，掌握"两课"教育的主动权，增强"两课"教学的说服力和感染力。

总之，搞好高校思想政治工作，关键在各级干部和干部整体素质的提高。全面提高干部的整体素质是干部工作永恒的主题。所以，高校思想政治工作任重道远。

参考文献

[1] 宇文利. 现代思想政治教育课程论 [M]. 北京：北京大学出版社，2012

[2] 张禧，毛平，尹媛媛. 大学生思想政治教育实效性探索 [M]. 成都：西南交通大学出版社，2014

[3] 吴潜涛，徐柏才，阎占定. 高校思想政治教育的理论与实践 [M]. 北京：人民出版社，2012

[4] 顾海良. 高校思想政治理论课程建设研究 [M]. 北京：中国人民大学出版社，2016

[5] 曾光顺. 中国梦融入大学生思想政治教育的模式研究 [M]. 北京，光明日报出版社，2016

[6] 黄蓉生. 改革开放以来大学生思想政治教育论纲 [M]. 北京：人民出版社，2014

[7] 谢守成，王长华. 国际化视野下大学生思想政治教育创新发展研究 [M]. 北京：人民出版社，2014

[8] 张澎军. 思想政治教育理论前沿论略 [M]. 北京，人民出版社，2015

[9] 李忠军. 社会主义核心价值体系统领大学生思想政治教育研究——内在逻辑与体系建构 [M]. 北京：人民出版社，2014

[10] 王永进. 高校意识形态工作话语权研究 [M]. 上海：上海交通大学出版社，2017

[11] 王天民. 大学生思想政治教育创新研究 [M]. 北京：北京师范大学出版社，2013

[12] 范跃进. 大学生思想政治教育模式建构与实践 [M]. 北京：中国文史出版社，2014

[13] 张秀荣，韦磊. 高校思想政治教育研究热点问题 [M]. 北京：北京师范大学出版社，2010

[14] 王永进. 高校意识形态工作话语权研究 [M]. 上海：上海交通大学出版社，2017

[15] 张维和. 国际视野下的中国道路和中国梦 [M]. 北京：学习出版社，2015

[16] 李文靖，王伟. 中国共产党革命精神传承与大学生中国梦教育 [M]. 合肥：合肥工业大学出版社，2016

[17] 周菲. 社会主义核心价值观与中国梦 [M]. 北京：人民出版社，2015

[19] 阚永新. 大学生思想政治教育整体有效性问题研究 [M]. 北京：中国社会科学出版社，2012

[22] 张秀荣,韦磊. 高校思想政治教育研究热点问题 [M]. 北京:北京师范大学出版集团,2010

[23] 陈国荣. 梳理与构建:大学生思想政治教育理论研究 [M]. 北京:中国社会科学出版社,2012

[24] 董娅. 当代思想政治教育方法发展新论 [M]. 北京:中国社会科学出版社,2012

[25] 王虹,刘智. 新媒体时代高校思想政治教育创新研究 [M]. 北京:中国社会科学出版社,2012

[26] 李丽娜,李久林. 大学生思想政治教育整合与创新研究 [M]. 北京:首都经济贸易大学出版社,2013

[27] 马勤学. 思想政治教育新论 [M]. 北京:中国文史出版社,2013

[28] 熊建生. 思想政治教育内容结构论 [M]. 北京:社会科学文献出版社,2012

[29] 褚海萍. 大学生思想政治教育专论 [M]. 成都:西南交通大学出版社,2012

[30] 王蕊. 当代大学生思想政治教育研究 [M]. 北京:中国农业科学技术出版社,2012

[31] 张红霞. 高校思想政治教育实效性研究—以文化多样化视角 [M]. 北京:光明日报出版社,2011

[32] 范跃进. 大学生思想政治教育模式建构与实践 [M]. 北京:中国文史出版社,2014

[34] 谢守成,王长华. 国际化视野下大学生思想政治教育创新发展研究 [M]. 北京:人民出版社,2014

[35] 亓鹏. 新媒体视角下大学生思想政治教育面临的机遇与挑战——评《新媒体视角下大学生思政教育创新探索》[J]. 新闻与写作,2021,(3):1-1

[36] 瑞宝石. 社会工作视角下辅导员工作的创新路向研究 [J]. 教学方法创新与实践,2020,3(13):93-93

[37] 赵丽. 新媒体环境下高校思想政治教育的创新发展——评《新媒体视角下大学生思政教育创新探索》[J]. 中国党政干部论坛,2021,(2):4-4

[38] 粟湘福. 传播学视角下创新新时代大学生思想政治教育认同的研究 [J]. 山西经济管理干部学院学报,2020,28(2):61-65

[39] 盛杨,韦庆昱. 生态文明视野下高校思想政治教育创新——评《大学生生态文明建设教程》[J]. 环境工程,2020,38(1):1-1

[40] 张丹. 新媒体视野下大学生思想政治教育路径创新 [J]. 中学政治教学参考,2021,(8):101-101

[41] 尹丽．思想政治教育视角下高校创新创业教育的思考[J]．学周刊，2021，（19）：5-6

[42] 达古拉．新时代视角下大学生思想政治教育创新对策研究[J]．新一代：理论版，2020，（17）：1-1

[43] 刘于勤．人际传播视角下的大学生思想政治教育创新研究[J]．视听，2020，（5）：236-237

[44] 张学宁，张辰光，刘雨航．新媒体视野下大学生思想政治教育路径创新分析[J]．文学少年，2020，（7）：317-317

[45] 王义川．思想政治教育视野下的大学生创新精神培养机制研究[J]．智库时代，2020，（8）：121-122

[46] 徐阳．新时代大学生思想政治教育治理视角的反思与创新[J]．高校辅导员，2020，（5）：18-22

[47] 张恩铭．基于大学生心理特点视角下高职院校网络思想政治教育工作思考[J]．发明与创新：职业教育，2020，（11）：100-101